서구 경제에 대한 무슬림의 도전

샤리아 금융의 이해

Understanding Shari'a Finance

패트릭 숙데오 지음
(사)애드보켓코리아 옮김

Q 쿰란출판사

Understanding Shari' a Finance

Copyright © 2008 by Patrick Sookhdeo

Originally published in the United States by Isaac Publishing
6729 Curran Street, McLean VA 22101
Korean translation copyright © 2009 by Qumran Publishing House
All Rights Reserved.

이 책의 한국어판 저작권은 쿰란출판사에 있습니다.
무단 전재와 복제를 금합니다.

서문

지난 20년 동안, 이슬람 경제는 금융과 은행을 포함하여 괄목할 만한 성장을 거듭해왔다. 이슬람식 경제 시스템은 이슬람이 삶의 모든 영역을 지배해야 한다는 이슬람 이데올로기의 한 부분이다. 이러한 경제 시스템은 무슬림들에 의해 시작되었을 뿐만 아니라, 그들의 강력한 지지를 받아왔다. 그리고 최근에는 이슬람 세계를 넘어 서구 여러 나라에까지 막대한 영향력을 행사하고 있다. 이슬람은 정교하면서도 새로운 금융상품들을 개발하였고, 결코 무시할 수 없을 정도의 이익을 창출하는 국제시장을 형성하고 있다.

한 금융 전문가는 "2008년 이슬람 금융상품들을 취급하는 국제금융시장에서 이슬람 금융상품들의 가치가 무려 5천억 파운드가 넘으며, 매년 15~20% 정도 성장할 것으로 예상된다[1]"고 말했다. 이슬람 산업은행은 2006년 말까지 이슬람 금융기관들이 운영한 자산이 8천억 달러에 이른다고 발표하였다.[2] 이슬람 금융상품들은 10년 안에 전 세계 12억 무슬림들의 전체 예금의 50~60%를 차지하게 될 것이다.[3] 2007년에 이루어진 맥킨지社(McKinsey and Company)의 연구결과를 살펴보면, 이슬람 은행산업이 2012년까지 매년 20%씩 성장할 것으로 평가하고 있음을 알 수 있다.[4] 2006년 초까지, 이슬람 방식으로 자산을 운영하는 기관이 전 세계에 걸쳐 300개 이상이며, 그 기관들의 총 자산은 1조 달러를 이미 넘어섰다.[5]

샤리아(Shari'a 이슬람 법) 금융은 새로운 현상이다. 그것은 사실상 샤리아 관습에서 본질적인 영역에 속하는 것은 아니었다. "이슬람" 원리에 따라 많은 거래를 성사시킨 투자회사 DCD 그룹의 전무이사인 샤비르 란드리(Shavir Randeree)는 이 점을 다음과 같이 인정하였다.

"나는 샤리아가 오래전에 사장되었다고 말하는 것이 옳다고 생각한다."[6]

오늘날 많은 무슬림들은 왜 샤리아 금융과 같은 종류의 금융이 우선시 되어야만 하는지에 대해 의문을 가질 수 있다. 사실, 샤리아 금융은 이슬람 팽창이라는 커다란 흐름 중의 한 부분이며, 특별히 이슬람이 전략적 의도를 가지고 있는 영역에 속한다.[7] 이것은 이슬람 관련 자료들에서 반복적으로 나타나고 있다. 예컨대 세계은행에서 재정관리를 맡고 있는 자미르 이끄발(Zamir Iqbal)과 IMF의 실행이사인 압바스 미라쿠르(Abbas Mirakhor)는 다음과 같이 논평하였다.

"이슬람의 그 어떠한 경제 시스템이라 할지라도 그것 자체가 샤리아의 목적이 될 수는 없다. 오히려 이슬람 경제 시스템은 샤리아라고 하는 훨씬 더 광범위한 체계의 일부분이다. 바로 이 이유 때문에 이슬람 경제 시스템이 샤리아와 일치해야만 한다는 점을 잊지 않는 것은 중요하다."8)

샤리아 금융은 석유 수출국이 축적한 막대한 자본, 즉 투자를 통해 자본이 빠져나갈 통로를 마련할 필요가 있는 오일머니에 의해 촉진되었다. 서구의 여러 기관과 정부는 팽창하는 이슬람 금융시장으로부터 자본을 끌어오기 위해 이슬람 금융과 은행업을 서구에 소개하고 있다. 그런데 문제는 이슬람 금융을 소개하는 서구의 각 기관과 정부의 활동들이 이슬람이 서구 세계에 대한 주도권을 탈취하는 것을 부지불식간에 돕고 있다는 점에 있다.

이슬람 경제학자들이 추구하는 것은 재정적인 것이 아니라 정치, 종교적인 것이다. 즉, 급진적인 이슬람의 지지를 등에 업고서, 이슬람 분리주의를 촉진시키는 것이다. 몇 몇 조사관들은 급성장하는 이슬람 금융계가 테러리스트 지하디(Jihadi) 단체들의 활동을 유지하는 데 필요한 상당한 양의 자본을 축적하고, 전달하는 은밀한 방식을 가지고 있다는 사실을 크게 주목하고 있다.[9]

본서는 이슬람 금융이 주요 이슬람 국가들과 서구 국가들에서 나타난 급속한 성장과 이와 관련하여 발생된 결과들에 대해 문제를 제기하기 위해 집필되었다. 물론 이 책은 선동하기 위한 목적이 아니라, 아직까지 일반 대중에게 큰 영향을 끼치고 있지는 않지만 점차적으로 중대한 영향을 미치게 될 주제에 관해 토론을 불러일으키기 위해서 집필되었다.

2008년
패트릭 숙데오

차례

서문 3

1장 이슬람 금융의 역사와 신학 9
2장 리바의 의미에 대한 논쟁 23
3장 이슬람 경제의 추가적 양상 31
4장 이슬람 경제에 대한 무슬림의 비평 35
5장 이슬람 운동의 승리 43
6장 지하드로서 샤리아 금융 49
7장 샤리아 금융의 위험성과 취약점 68
8장 샤리아 금융을 규제하려는 노력 76
9장 이슬람 금융에서 샤리아 전문가의 역할 81
10장 거래에 대한 샤리아 목록 85
11장 샤리아 추종의 영향 88
12장 결론 92

Contents

부록

1. 샤리아 금융 상품들 **98**
2. 이슬람 국가의 샤리아 금융 **101**
3. 서구의 이슬람 경제: 다루라(Darura) 조작 **127**
4. 비이슬람 국가의 샤리아 금융 **160**
5. 샤리아 **163**
6. '수쿠크 규제를 위한 입법체계 자문결과보고서'에
   관한 CCFON과 CLC의 입장 **179**

[추천 문헌] **196**
[미주] **197**
[용어사전] **236**

1장
이슬람 금융의 역사와 신학

무슬림 학자로서 듀크 대학에서 경제학과 정치학을 가르치는 티무르 쿠란(Timur Kuran) 교수는 샤리아 금융을 무함마드의 시대와는 전혀 무관한 현대에 '개발된 전통'이라고 주장하였다. 아마도 한 세기 전의 이슬람 학자들조차도 오늘날의 이슬람 경제학을 보면 당혹감을 금치 못할 것이다.[10]

이슬람 경제학은 현대 이슬람 운동가들이 만들어낸 것

이다. 이들은 꾸란(Qur'an)과 하디스(Hadith)[11] 그리고 초기 이슬람시대의 사례들을 차용하여, 이슬람 경제라는 개념을 도출해 내었다. 무슬림들은 꾸란과 하디스를 해석함에 있어서, 리바(riba: 이자, 2장에서 설명) 금지의 의미를 엄격히 적용하였고, 결과적으로 이슬람 경제학이라는 특이한 경제모델이 발전하게 되었다. 초기 이슬람시대에는 이자(interest)와 수익(profit)에 대해 지금과 같은 엄격한 관점이 일반적인 규범으로 나타나지는 않았었다.

이슬람 초기 시대

메카가 무역 공동체로 번성하였던 곳이라는 점을 먼저 언급할 필요가 있다. 무함마드 자신도 무역상이었으며, 이슬람 출현 이전이나 이후의 여러 종교 문헌에서도 무역이나 상업이 자주 인용되었다. 이자를 받고 돈을 빌려주는 관습은 이슬람 출현 이전의 아랍사회에서는 아주 일상적인 것이었다. 여러 가지 문헌을 통해서 알 수 있듯이, 이와 같은 관습은 오스만제국 시대에 이르기까지 대부분의 이슬람권에서 지속되었다. 네셋 카가타이(Nes'et Cagatay)는 다음과 같이 말하였다.

"꾸란과 하디스에서 이자를 받고 돈을 빌려주는 행위를 금지하고는 있지만, 역사적으로 모든 이슬람 국가에서 이자를 받고 돈을 빌려주는 거래를 해왔다. 알제리, 모로코, 이집트, 인도, 이란, 그리고 어느 곳보다도 바로 메카에서조차 리바(riba)를 포함하는 상거래 행위는 무수히 많았다. 9세기에 바스라(Basra)지역에 살았던 카히즈(Cahiz)는 자신의 키탑 알-부할라(Kitab al-Buhala)에서 두 명의 페르시아만 상인에 대해 다음과 같이 묘사하고 있다. 그에 따르면 이 두 상인은 그들이 막 팔아버린 물건을 정해진 조건에 따라 현금으로 다시 샀다. 912년에서 932년까지 압바시드 칼리프 무끄타디르(Muqtadir)는 상인들에게 20만 디나르의 돈을 7%의 이자를 붙여 빌리기도 하였다."12)

〈터키 데일리 뉴스〉의 사설 편집자 겸 칼럼니스트로 활동하고 있는 무스타파 아키올(Mustafa Akyol)은 '사업에 대한 이슬람의 개념적 개방성'에 대해 논하면서, 오스만 제국의 쇠퇴가 무슬림 세계에서 무역이 쇠퇴(상업의 주류가 유럽으로 옮겨간 탓)했기 때문이라고 주장하였다.

"그 당시 이슬람 세계는 세계 무역루트의 심장부에 있었으며, 무슬림 상인들은 이를 성공적으로 활용하여 이득을 취하였다. 그들은 심지어 현대 은행업에서 사용되는 기법을 사용하기도 하였다. 예를 들어 운반이 어렵고 도둑맞기 쉬운 금을 대신하여, 무슬림 상인들은 종이 수표를 사용하였다. 이러한 혁신은 십자군, 그 중에서도 특별히 템플 기사단에 의해 모방되었고, 유럽으로 전파되어 현대 은행업의 기초가 되었다. 무역이 무슬림 문명의 중심이었기 때문에, 무역의 쇠퇴는 세계 무역패턴에 변화를 가져왔다. 오스만 제국이 몇 세기 동안 더 번성할 수도 있었겠지만, 제국의 쇠락은 불가피한 것이었다."[13]

또한 아키올(Akyol)은 몽고의 침입에 의해 세계무역의 중심지가 중동과 지중해 연안을 벗어났고, 이에 따라 발생하게 된 손실 때문에 종교적인 독선이 출현하는 환경이 조성되었다고 말하고 있다.

"꾸란의 초기 주석가들이 무역이나 부유함을 알라의 보상으로 보아 귀하게 여겼던 것에 비해, 이후의 중세 이슬람 문헌들에서는 극단적인 금욕주의를 강조하는 주석들이 나타나기 시작하였다."[14]

오스만제국 시대

대출을 받을 때, 채권자에게 합당한 수익을 보장해 주는 담보를 제공하는 거래방식은 오스만제국 초창기 때부터 있었던 일이다. 뿐만 아니라 자선이나 종교적인 이유로 돈을 빌려주는 예도 많았다. 그런데 리바를 어떻게 해석할 것인가 하는 문제에 대해서는 학파마다 의견이 분분하다.

예를 들어 현금 와끄프(waqf: 이자가 발생하는 신탁자금)의 사용에 대해 하니프 파(즉, 하나피〈Hanafi〉 학파의 피끄흐〈Fiqh: 법학〉)의 해석에 있어서는 그것의 사용이 문제되지 않았지만, 다른 학파에서는 이를 금지하였었다는 기록이 있다. 이와 같은 논쟁이 16세기 오스만제국 시대까지 계속되었지만, 현금 와끄프(waqf)의 형식적 기초가 된 현행관습은 이미 15세기에 형성되어 있었고, 17세기에 이르러서는 오스만제국의 법과 경제 체제에서 일반적으로 수용되는 제도로 자리잡았다.15)

"정복자 무함마드(Muhammad, 1432~1481, 이슬람을 창시한 무함마드와는 다른 인물임- 역자 주)는 이자 수입을 터키 친위보병을 돕는 자금으로 사용하였다. 무함마드는 자금을 빌려준 대가로 벌어들인 이자 수입으로 제국의 비용을 지출할 수 있도록 기초를 정립한 첫 번째 술탄(Sultaw)이다. 술탄 자신이 2만 4천 개의 금괴를 기증하였는데, 그는 이러한 이자 수입으로 터키 친위보병(술탄에 충성을 바치는 노예군인)에 공급되는 육류 값이 상승한 부분에 해당하는 금액을 충당하도록 하였다."16)

오스만 제국의 슐레이만(Suleiman, 1494~1566) 재위기간에 활동한 최고 성직자로서 셰이크-울 이슬람(Sheikh-ul Islam)이라고 불리는 이뷰수드 이펜디(Ebusuud Effendi)는 종교기부금을 이용해 이자를 받을 수 있도록 허가해

주었다.[17] 리바와 이자 허용가능성에 대해서는 많은 논쟁이 있었고, 다양한 파트와(fatwas, 이슬람의 종교칙령)가 발표되었다.[18] 몇 몇 이슬람 법학자들은 아주 적은 이자가 발생하더라도 해당물품 또는 금전거래를 완전히 금지하기도 하였다.[19] 그러나 대부분의 경우는 이자거래를 허가하는 당시의 전체적인 분위기를 따랐다. 리바에 대한 엄격한 해석에도 불구하고, 오스만제국에서

> "돈을 빌려주고 빌리는 관행은 관리, 상인, 수공업자, 일반 주민들에게 매우 넓게 퍼져 있었는데, 이는 제국을 구성하고 있던 각 공동체의 특수한 상황과 당시 정비단계에 있었던 오스만제국의 토지제도 때문이었다."[20]

판결사례로 제시된 수많은 거래에서 볼 수 있듯이 이자가 부과되었지만, 그것은 판매 가치나 상품가격에 포함되었다. 어떤 판결에서는 15%의 이율조건으로 돈을 빌려준 사람이 계약 종료 시점에서 이자를 받을 수 있도록 허가하여 주었다.[21]

이슬람 피끄흐나 파트와를 모아놓은 문서 또는 법정 등기부 등을 살펴보면, 고리대금이 아닌 낮은 이자로 볼 수 있는 리바가 오스만제국에서 폭넓게 허용되고 있었음을 알 수 있다. 여러 판결문들에서 보듯이, 15%의 이자율이

리바허용 가능여부를 결정하는 기준이었다.(그러나 흥미롭게도 19세기 이집트에서 일반적인 이자율은 10% 수준이었다) 1609년에 술탄 아흐멧 1세(Ahmet the First, 1590~1617)는 15% 이상의 이자를 물리는 채권자에 대하여 징역형이나, 갤리선(노예나 죄수들에게 젓게 한, 2단으로 된 노가 달린 돛배)에 보내는 형벌을 명령하였다.

당시 고리대금업자들은 금화 1개와 1코로시(kouroush: 금화 1개는 120악트차스(aktchas)에 해당하며, 1코로시는 70~80악트차스에 해당함)를 빌려주는 대가로 월 4~5악트차스의 이자를 받았다. 예를 들어 고리대금업자가 만약 1,000악트차스를 채무자에게 빌려준다면, 고리대금업자는 복리로 연 400~500악트차스의 이자를 가져가게 되는 것이다.[22] 즉, 거의 연 30~50%의 이율을 받는 셈이다.

1923년 터키 공화국이 건국될 때, 개인이나 단체에 대출을 허가했던 국가의 관행은 이스탄불과 앙카라에서 초기 행정시스템을 구축하는 토대가 되었다. 그리고 1954년에는 파운데이션 은행(Foundations Bank) 설립이라는 결과로 나타났다. 1838년에 재무부가 창설되었고, 1840년에는 금화를 대체하기 위한 은행권(bank note) 발행이 시작되었다. 1900년대 후반까지 오스만 제국은 저리(低利)의 대출이자를 인정하였으며, 이후 여러 형태의 금융거래에 이자를 부과하는 것을 공식적으로 허용하였다. 또한 1863년에 미드하드 파샤(Midhad Pasha)는 저소득 계층을 위해 신용기금을 조성하였고, 이것은 첫 번째 국립은행인 터키은행(Turkish Bank)을 설립하는 기초가 되었다. 많은 은행들이 나타나기 시작하였고, 이자 수입은 공익사업에 사용되었다. 이와 같은 사례를 통해서 고찰해볼 때, 합법적인 저리의 대출 이자가 오스만 제국에 널리 퍼져 있었음을 분명히 알 수 있다. 칼리프 술탄(Caliph-Sultans 신정일치의 통치자)의 칙령이나 법률학자들(muftis)과 샤 알-이슬라미흐(Sha al-Islamihs)가 선포한 파트와 그 어느 것에도 대출 이자를 하람(haram, 이슬람교의 금기사항)으로 규정하지 않았다.

카가타이(Cagatay)는 "더욱이, 카이로의 카미 알 아즈하르(Cami al-Azhar)의 교구장인 마흐무드 셸튜트(Mahmud Sheltut)가 1960년에 펴낸 방대한 연구 자료에도 오늘날의 은행 이자율이나 지분, 채권 등이 하람으로 명시되어 있지 않다"고 말하였다.[23]

현대 시대

오늘날 이자에 관한 일반적인 은행 관례나 대출 관례는 이슬람 국가마다 많은 차이를 보이고 있다. 이것은 이슬람의 재건을 추구하는 사람들이 직면한 상황이다.

 이자를 금지하는 이슬람식 경제체제를 구축하려는 움직임은 군사적 성향을 가진 파키스탄 이슬람 정당인 자마아티 이슬라미(Jama'at-i Islami)를 만든 압불 알라 마우두디(Abul A'la Mawdudi, 1903~1979)에 의해 시작되었다. 마우두디는 이슬람은 경제를 포함하여 인간의 모든 영역을 다룰 수 있어야만 한다고 주장하였다. 그는 이슬람식 경제학이 각 사회와 국가에 이슬람식 규범과 법을 세워나가는 데 일조하는 도구여야 한다[24]고 말하였다. 이슬람 국가는 "이슬람의 공동체인 움마(ummah)가 국가 권력을 차지하게 되었을 때" 완전히 이룩될 것이다.[25]

 이러한 사상은 마우두디의 제자로서 자마아티 이슬라미 정당의 핵심 지도자이자, 정치가이며, 동시에 이슬람 경제학자인 쿠르쉬드 아흐마드(Khurshid Ahmad)를 통하여 발전되었다. 그는 이슬람식 경제학을 현대적 학문분과로 발전시켰다.

 이와 같이 이슬람식 경제는 전 세계에서 정치적 패권을 장악하고자 하는 이슬람의 궁극적인 목적을 달성하기 위한 준비단계이며, 서구세력을 약화시키기 위해 진행되고 있는 이슬람 투쟁담론으로 통합되었다.

무슬림 형제단(Muslim Brotherhood)을 처음으로 조직한 하산 알 반나(Hasan al-Bana)는 전 세계의 모든 인류를 지배하는 것이 이슬람의 목적이라고 진술하였다.

"꾸란은 무슬림들을 '인류를 위한 보호자'로서 지명하였고, 무슬림들에게 종주권(suzerainty)을 부여하였으며, 이 위대한 임무를 수행하기 위해 세상을 지배할 수 있는 권리를 무슬림들에게 위임하였다.…무슬림들은 전 세계를 다스리기 위한 주권을 획득하고, 온 인류를 이슬람의 올바른 교훈과 가르침으로 인도할 의무가 있다. 그 전까지는 어떠한 인간도 행복에 이를 수 없다."[26]

마우두디의 제자이자 자마아티 이슬라미의 주요 지도자인 쿠람 무라드(Khurram Murad)는 마우두디가 쓴 《이슬람 운동: 가치, 힘, 그리고 변화의 역학(The Islamic Movement: Dynamics of Values, Power and Change)》이라는 책의 영어판 서문에서 다음과 같이 쓰고 있다.

"알라에게 복종한 사람이 가지게 되는 이만(iman, 이슬람 신앙)의 특징은 알라에게 반항하는 자들과 반드시 싸워 승리하고, 그들의 모든 힘과 권력을 빼앗아 무슬림들이 그것을 컨트롤할 수 있도록 해야 한다는 것이다. 이렇게 하는 것은 무슬림 자신들을 위한 것이 아니라, 저항하는 자들을 알라에게로 인도하기 위해

서이다. …따라서 "이 세상에서 벌이는 이슬람 운동의 목적은 삶의 모든 영역과 전 계층의 지도부에 혁명을 일으키는 것이다."…필요한 것은 조직적이고도, 집단적인 투쟁이다. 바로 지하드(Jihad)를 통해 지구를 알라의 통치하에 두는 것이다."27)

유명한 이슬람학자이자 미국 템플 대학의 교수인 이스마일 알- 파루끼(Isma'il al-Faruqi)는 이슬람은 '이슬람에 의한 세계질서 확립'이라고 하는 정치적 목적을 달성하기 위해 온 힘을 다해야 한다고 주장하였다.

"이슬람 국가는 이데올로기적인 것이다. 온 힘을 다하여 추구해야만 하는 세계적인 목적이 있다. 이 목적은 세계를 품기 위해 스스로 확장한다. …그러므로 이슬람 국가는 단순한 국가가 아니라, 바로 세계 질서 그 자체이며, 이에 합당한 정부, 법원, 헌법 그리고 군대를 포함한다. 이슬람 국가는 이와 같은 세계 질서를 확립할 때까지 결코 쉴 수 없다."28)

쿠르쉬드 아흐마드(Khrushid Ahmad)는 이슬람 재건이라는 과업이 경제를 포함하여 통합된 전체 틀 안에서 이슬람 사회가 부흥하는 것이라고 설명한다.

"이슬람 부흥이란 새로운 접근방식이다. 다시 말해서 이슬람의 사상, 가치 그리고 현대적인 필요에 맞게 경제와 사회를 재건하

도록 노력하는 것이다."²⁹⁾

아흐마드는 또한 무슬림들은 반드시 이슬람식 경제학을 사용하여 이슬람의 힘을 길러야만 한다고 주장하였다.

"칼리파(Khalifah, 예언자 대리인)로서의 이슬람 공동체(ummah, 움마)에 가장 직접적으로 요구되는 것은 바로 비무슬림 세계에 의존하고 있는 모든 필요를 벗어나 경제적으로 독립하고, 자기를 존중하며, 힘과 능력을 갖춘 국가로 변화해야 한다는 것이다."³⁰⁾

위 문장에 대한 주석으로(주 31 참고) 아흐마드는 꾸란 8장 60절을 인용하였다.

"그들에 대항하여 군마를 포함하여 그들에 대항할 준비를 하라. 그것으로 알라의 적(적의 중심)과 너희의 적들과 그들 이외의 다른 위선자들을 두렵게 하라."

위의 인용문에서 샤리아 금융이 전 세계의 헤게모니를 장악하기 위해 비무슬림 세계에 지하드를 일으키는 도구의 일종이라는 것을 알 수 있다. 지하드에서 적의 재산을 약탈하는 것은 용납된다.

결국 이슬람은 전 세계와 그 안의 모든 영역을 지배하려는 목적을 가지고 있으며, 여기에는 모든 경제 시스템과 자연 자원까지도 포함된다. 이슬람의 목표는 경제를 포함한 삶의 전체 영역을 샤리아로 지배하는 '새로운 세계 질서'를 구현하는 것이다. 그리고 이슬람의 가장 큰 적으로서 "십자군"인 서구 사회를 반드시 약화시키고, 찬탈해야 할 대상으로 여긴다. 따라서 이슬람 경제학은 당연히 이슬람적인 것이어야 하며, 비이슬람 시스템과는 근본적으로 다른 것으로, 비이슬람식 시스템은 무슬림들이 반드시 탈취해야 할 것으로 생각하고 있다.

이슬람 경제학은 정치, 군사, 경제, 문화를 망라하는 세계의 모든 영역에서 이슬람의 지배를 추구하는 이슬람주의자들에게 너무나도 효과적인 무기가 되었다. 전 세계에 걸쳐 샤리아로 통치되는 단 하나의 국가를 건설하는 것은 모든 무슬림 세대를 향한 알라의 명령이며, 지하드의 실제적인 목적이다. 이슬람 경제학은 무슬림들의 무기고에 비치된 수많은 무기들 중의 하나에 불과하다.

이란, 수단, 파키스탄 같은 이슬람 국가들은 은행 시스템을 강제적으로 이슬람화하였고, 말레이시아는 샤리아 금융의 적극적인 후원자이다. 대부분의 다른 세속 또는 반(semi)세속 이슬람 정부들은 종교색이 짙은 국민들의 눈에 거슬리지 않기 위해서 샤리아 금융을 묵인해 주고 있는 실정이다. 걸프 연안 국가와 말레이시아는 증대하고 있는 오일 달러의 힘을 빌어, 이슬람 경제학에 호의적인 지금의 분위기를 확장하는 데 앞장서고 있다.[31]

2장
리바의 의미에 대한 논쟁

이슬람 금융은 무역과 금융거래에 있어 꾸란에 대한 문자적 해석에 근거하여 정의된다. 논쟁의 헥심은 리바를 금지하고 있는 꾸란 구절에 대한 해석에 놓여 있다. 예를 들어 꾸란 2장 275절에는 다음과 같이 기록되어 있다.

"리바를 취하는 자는 (부활의 날에) 사단의 지배를 받아 제정신이 아닌 채 일어나는 것처럼 일어나며 말하길 장사는 리바와 같도다라고 그들은 말하나 알라께서 장사는 허락하였으되 리바는 금지하셨노라. 알라의 말씀을 듣고 리바를 단념한 자는 지난 그의 과거가 용서될 것이며 그의 일은 알라와 함께하니라. 그러나 (리바)로 다시 돌아가는 자 그들은 불지옥의 동반자로서 그곳에서 영주하리라."[32]

자주 인용되는 다른 구절은 꾸란 3장 130절이다.

"오 믿는 자들이여! 두 배나 몇 배로 리바를 취하지 말고 알라를 두려워하라. 그러면 성공할 것이다."[33]

논쟁의 초점은 꾸란의 리바를 이익으로 여겼는지, 아니면 폭리 즉 고리대금으로 여겼는지에 맞추어진다. 리바를 '이자를 허용하는 고리대금'으로 해석하면, 무슬림들은 서구 주도적인 세계 경제체제에 쉽게 동화될 수 있게 된다. 그러나 리바를 '모든 종류의 이익'으로 해석하면, 서구 경제체제와는 다른 경제체제를 만들어내야만 한다. 이슬람이 주도하는 이러한 경제체제는 비무슬림들에게 혼란을 주어, 자신들의 경제체제를 서구의 경제체제로부터 분리시킨다. 이것은 이슬람 공동체인 움마를 비무슬림 세계와 가능한 멀리 격리하고, 경제를 포함한 세계의 모든 체제를 이슬람화하기 위해 움직이는 무슬림들의 목적과 동일선상에 있다.

고리대금으로서 리바

리바를 고리대금으로 해석하는 자들은 꾸란이 금지하는 것은 현대적인 의미의 이자율이 아니라, 이슬람 이전 시대의 리바제도라고 주장한다. 왜냐하면 고대의 리바 체제는 매우 무자비해서 채무자를 노예로 몰아넣었기 때문이다. AD 7세기 아라비아에서 채무자가 만일 빚을 갚을 수 없다면, 그 빚은 두 배가 된다. 만일 두 번 갚지 못한다면, 빚은 다시 그 두 배가 되었다. 이러한 관습 때문에 채무자는 얼마 지나지 않아 그의 집을 포함한 모든 소유를 팔게 되고, 결국 자신을 노예로 넘길 수밖에 없게 된다.[34] 리바 금지는 오늘날의 파산법과 유사한 것처럼 보인다. 이자를 금지함으로써 빚을 갚을 수 없는 사람들이 노예가 되는 최악의 결과를 벗어날 수 있게 되는 것이다.[35]

이 해석에 따르면, 제한적이고 적당한 이율은 허용된다. 그래서 유수프 알리(A. Yusuf Ali)는 영이로 번역된 꾸란에서 리바를 고리대금으로 옮겼다.[36]

"고리대금을 취하는 자는 악한 영이 그를 스침으로써 제정신이 아닌 자들처럼 일어서리라. 그들은 이렇게 말하기 때문이다. "장사는 고리대금과 같다", 그러나 알라는 장사를 허용하였으나 고리대금은 금지하였노라. 알라의 명령을 들은 후 고리대금업을 단념한 자는 지난 그의 과거가 용서될 것이며 그의 일은 하나님과 함께하니라 그러나 고리대금업으로 다시 돌아가는 그들은 불지옥의 동반자로 그곳에(영원히) 거주할 것이다.(꾸란 2:275)"

각주에서 유수프 알리는 '고리대금'으로 번역한 '리바'의 의미를 둘러싼 논쟁에 대해 논평하면서, 자기 자신이 내린 '리바'의 뜻을 아래와 같이 밝혔다.

"합법적이지 않은 장사로서 무함마드 자신이 말한 목록에 따라 금, 은, 밀, 보리, 대추야자, 소금과 같은 생필품을 대출해 주고 부당하게 이익을 남기는 것을 말한다. 리바에 대한 나의 해석은 모든 종류의 부당 이익을 포함하지만, 현대 은행과 금융이 만들어낸 몇 가지 경제적 신용은 배제한다."[37]

수니파의 중요한 종교연구센터인 알-아즈하르(Al-Azhar)는 리바가 고리대금 혹은 착취적이고 억압적인 이득이라고 주장하면서 고정된 적절한 이익은 허용된다고 발표하였다. 그 결과 이집트의 많은 은행들은 이자를 지불하고, 정부는 이율이 있는 채권들을 발행하고 있다.[38] 이러한 견해에 따른다면 이슬람식 금융기관들은 그다지 필요하지 않다.

1989년, 당시 이집트의 무프티(mufti, 이슬람 법률학자)인 무함마드 사이드 탄타위(Muhammad Sayyid Tantawi)는 파트와를 선포하였다. 즉, 정부의 채권과 일반 예금계좌에 의해 지불되는 이자는 이슬람의 정신에 위배되지 않는다는 것이다. 더욱이 그는 이슬람 은행이 위선적이며, 선전에서 '이슬람적'이라는 단어를 잘못 사용함으로써 대중을 호도하고 있다고 비난하였다. 그는 이슬람은 금융거래에 있어서 단지 자비와 정의를 요구하고 있을 뿐이라고 주장하였다.[39]

2001년 무프티로서 탄타위의 계승자인 셰이크 나스르 파리드 와셀(Sheikh Nasr Farid Wassel)은 "이슬람 은행이니, 비이슬람 은행이니 하는 그런 것은 없다"라고 주장하면서 은행 이자에 대한 논쟁을 종결지을 것을 요구하였다.[40] 현재 무프티 수장인 알리 고마(Ali Gom'a)는 최근에 고정된 은행 이자는 샤리아에 비추어 볼 때 적법하다는 견해를 되풀이하였다.[41]

2007년 10월 탄타위(현재 알-아즈하르의 셰이크〈Sheikh〉이며, 그곳의 이슬람 연구소 소장)는 고정이율은 샤리아 법에 따라 적법하며 불법적 고리대금으로 간주되지 않는다고 다시 한 번 주장하였다.[42]

결국 이집트의 이슬람 주류 세력은 이자를 리바로 보는 이슬람주의자들의 해석과 확고하게 반대된다. 잘 알려진 파키스탄 개혁가이자 학자인 파즈루 라흐만(Fazlur Rahman)은 이율과 고리대금을 구별하면서 이집트 학자들과 유사한 입장을 취했다.[43] 마찬가지로 국제은행 이사이자, 뉴욕의 파크애비뉴 은행(Park Avenue Bank) 공동 설립자이며, 중경회장으로서 최고경영자인 무함마드 살렘(Muhammad Saleem) 박사는 다음과 같이 말한다.

"이슬람 역사를 이해하고, 이슬람 이전 시대와 그 상황을 마음에 새기면, 꾸란에서 금지하고 있는 것이 고리대금이지 이자가 아니라고 결론내릴 수 있을 것이다. 고리대금이란 사회적으로 용납할 만한 이율을 초과하여 부과된 이자로 정의 내릴 수 있다. 달리 말하면 고리대금은 억압하고, 착취하기 위한 이자인 것이다."[44]

이자로서 '리바'

현대 많은 무슬림들은 그것이 어떤 방식이든지 '리바'를 고리대금이 아닌, 모든 형태의 이자로 가능한 한 가장 엄격한 의미로 재해석하고 있다. 그들은 어떤 종류의 이자인지를 불문하고, 모든 종류의 이자를 반이슬람적인 것 혹은 반샤리아적인 것으로 금지해야 하며, 위험을 공유하는 이슬람 방식이 고정 이자를 부과하는 방식보다 못할 것이 없다라고 주장하고 있다.[45] 무슬림들은 흩어져 있는 다양한 샤리아 법들을 모아서 일반금융시스템과 유사한 하나의 포괄적인 이슬람식 경제시스템을 만들었다. 그 체계에는 기관과 조직 등 상세한 절차들이 포함되어 있다.

그들은 전통 이슬람 관습으로 되돌아가는 대신 다른 현대적 경제체제를 만들어낸 것이다. 세이 드 발리 레자 나스르(Seyyed Vali Reza Nasr)는 과거에는 모든 것을 포괄하는 이슬람적 경제 사상체제가 없었다고 주장하는데, 이것은 현대 이슬람 경제가 무슬림들의 혁신이라는 의미를 함의하고 있다.[46]

이자에 대한 무슬림들의 입장은 비타협적이다. 이자에 관한 문제는 믿음의 문제로 받아들여야 하며, 논쟁의 여지는 없다.

"이자를 거부하는 문제에 있어서 무슬림들은 어떠한 '증거'도 필요로 하지 않다는 사실이 바로 최종적인 결론이다. 알라가 금지한 법은 받아들여져야만 하며, 그것에 대해 어떠한 인간적인 설명도 필요하지 않다. 왜냐하면 무슬림들은 인간이 가진 이성의 한계를 알기 때문이다. 어떤 인간 이성도 알라의 명령을 간파할 수 없다. 따라서 이것은 믿음(iman)의 문제이다."[47]

리바를 전면적으로 거부하는 것은 빌려준 돈에 대해 전통적인 일반은행에서처럼 이자를 이익으로 취하거나, 지불하는 것이 불가능해진다는 것을 의미한다. 바로 이러한 이유 때문에 샤리아 금융은 자산에 기반을 둔 경제체제(asset-based system)로 발전하였다.[48]

몇 몇 이슬람 국가 정부들은 이슬람 근본주의 단체들을 달래기 위해 그리고 종교적인 합법성을 얻고 경제를 완전히 장악하기 위해 이슬람 경제체제를 채택하였다.[49] 이란, 파키스탄, 수단은 정부령을 통해 은행 체제를 이슬람화하였다.[50] 말레이시아는 강한 이슬람 전통주의 체제를 가지고 있음에도 불구하고, 리바에 대해서는 엄격한 무슬림의 해석을 선택하였다. 말레이시아 샤리아 자문위원회(Shariah Advisory Council)는 다음과 같은 결정을 내렸다.

"알라가 금지한 리바 쿠르드(riba qurudh)의 유형은 상업적 은행과 전통적인 금융 회사들이 하는 활동들과 유사하다. 왜냐하면 이것은 은행이나 기관들이 대출을 해주고, 이자를 획득하기 때문이다."[51]

말레이시아는 샤리아 금융을 계속해서 개발하였다.

3장
이슬람 경제의
추가적 양상

이자를 없애는 것 외에도 무슬림들은 정부가 운영하는 자카트(zkkat, 무슬림들이 의무적으로 납부하는 수익의 2.5%에 해당하는 돈)에 기반을 둔 재분배 체제를 세우려고 하였다. 이 모델을 통해서 정부는 2.5%의 자카트를 거두어들이고, 그것을 다시 분배할 것이다.

2006년 가을, 사우디아라비아의 상공회의소 의장인 살레 카멜(Saleh Kamel)은 자카트의 징수와 재분배를 효율적으로 수행하기 위해 세계 자카트기금 조성계획을 발표하였다.52) 이 기금은 이슬람회의기구(OIC, Organization of the Islamic Conference), 이슬람개발은행(Islamic Development Bank), 상공회의소의 각 전문가들로 구성된 위원회에 의해 샤리아에 따라 운영될 것이다. 이 위원회는 이슬람 국가 전체에 그리고 무슬림들이 많이 살고 있는 국가에 사무실을 둘 계획이다. 무슬림학자 국제포럼의 회장인 셰이크 유스프 알-카라다위(Sheikh Yusuf Al-qaradawi)는 이러한 기금조성 제안에 동의를 나타내면서 이 위원회가 확실한 방식으로 자카트의 징수와 분배를 보증할 것이라고 말하였다.53)

전 세계의 자카트가 한 곳으로 집중되는 것은 세계 평화에 있어서 심각한 위협이 될 수 있다. 정통적 이슬람에 따르면, 지하드(성전, 聖戰)를 위해서 자카트가 사용될 수 있다. 이것은 꾸란 9장 60절에 기반을 두고 있다.

"자카트는 가난한 자, 불쌍한 자, 기금 운영에 종사하는 자, 최근에 그들의 마음이 진리로 위안을 받을 자, 노예, 채무자, 알라의 길에 있는 자, 여행자들을 위한 것이니, 이는 알라로부터의 명령이라, 알라는 지식과 지혜로 충만하시니라."(유스프 알리의 번역)

중세기의 권위 있는 유명한 꾸란 주석가인 이븐 카시르 (Ibn Kathir)는 "알라의 길에 있는 자"(in the cause of Allah)를 다음과 같이 해석한다.

"알라의 길에 있는 자들을 위한다는 것은 오로지 지하드 전사들의 유익을 위한 것이다. 그들은 무슬림 국고에서 보상을 받지 않는 자들이다."[54]

셰이크 위스프 알-카라다위는 2006년 BBC 파노라마 프로그램인 "신앙, 증오 그리고 자선"에서 자카트와 지하드에 대한 문제를 다음과 같이 논했다.

"나는 '기부'(donation)라는 단어를 좋아하지 않는다. 나는 그것을 돈으로 하는 지하드(성전, 聖戰)라고 칭하고 싶다. 왜냐하면 우리가 가진 생명과 돈으로 적과 싸우라고 알라가 명령하였기 때문이다."[55]

이외에도 이슬람 경제의 다른 측면은 이슬람 학자들이 논쟁하는 가라르(gharar; 불확실성)를 포함한다. 샤리아는 재정적으로 위험을 안고 장사하는 것을 금지하였는데, 이것은 도박의 한 형태이기 때문이다. 또한 그들은 술, 돼지고기 혹은 샤리아가 하람(haram, 부정한 것)으로 규정한 어떠한 물품에 대해서도 거래가 금지된다고 말하였다.[56] 나아가 무슬림들은 이슬람 체제는 시장에서 공정함과 정직함을 보증해주는 일련의 규범을 요구한다고 주장한다.[57]

4장
이슬람 경제에 대한 무슬림의 비평

세속적인 자유 무슬림들은 이슬람 경제와 금융이 이슬람적이지 않을 뿐만 아니라 효율적이지도 않다고 주장한다. 어떤 이들은 이슬람 은행들이 이자를 숨기고, 이자에 다른 이름을 붙인다고 말한다. 심지어 이슬람 경제를 지지하는 유명인사들조차 이슬람 금융에 대해 신중한 평가를 내린다.

텍사스 휴스턴에 있는 라이스 대학의 경제통계학 교수

이자, 이슬람 경제, 금융, 경영학과 학과장이며, 미국 재무성의 이슬람 금융 핵심 자문위원으로서 파견학자인 마흐무드 에이 엘-가말(Mahmoud A. El-Gamal) 박사는 리바를 모든 형태의 이자로 정의한다. 그는 이슬람 금융에 대해 다음과 같이 정의하였다.

"금지가 바로 이슬람 금융 산업을 주도하고 있다(prohibition-driven industry)이다. 일반적으로 이슬람 법체계가 허용하지 않는 전통적인 금융 서비스나 상품들을 허용 가능한 유사품 형태로 바꾸어 무슬림들에게 제공하려고 시도하고 있다."[58]

그는 이슬람 금융이 실제적으로는 샤리아 정신을 위반하고 있으며, 샤리아에 위배되는 금융가들의 활동을 촉진시킨다고 주장한다.(7장 참조)

"이슬람 금융은 금융거래에 있어서 그 본질보다는 외면적인 형식을 강조한다. 이러한 거래방식들이 오히려 샤리아의 본질을 파괴할지도 모른다. 또한 자산에 기반을 둔 이슬람 금융상품이 돈세탁이나 불법 금융거래를 시도하는 사람들에 의해 쉽게 악용될 수 있다. 그들은 자금이 무슨 목적으로 그리고 어디에서 왔는지를 은폐하기 위해 이슬람 금융상품이 가진 특징을 이용한다. 결국 이슬람 금융은 은행 산업이 범죄에 악용될 수 있도록 하고, 갖가지 스캔들에 휘말리게 함으로써 혼란을 야기할 뿐만 아니라, 샤리아를 파괴함으로써 이슬람에 피해를 입힐 위험이 있다."59)

더욱이 그는 이슬람 금융 서비스가 이자를 추구하지 않는다고 미사여구를 늘어놓지만, 실상은 이자에 기반을 두고 있다고 주장한다.

"이슬람 법과 금융에 관한 거의 모든 문헌들은 샤리아가 이자를 금지하고 있다고 선언한다. 이러한 선언은 지난 30여 년에 걸쳐 이슬람 금융을 제공한 무슬림들의 실제적인 관습에 비추어보면 역설적이다. 사실상 많은 이슬람 관습들은 수익률이나 자본 비용을 LIBOR(London Inter-Bank Offered Rate, 런던 은행간 거래 금리)와 같은 기준금리에 기반을 두고 있다. MBA 학생이라면 누구라도 쉽게 이것을 이자에 기초를 둔 채무 금융으로 분류할 것이다."60)

엘-가말은 은행, 주택, 도시문제 상원위원회의 "중동에서의 돈 세탁과 테러 금융 문제"에 대한 청문회에서 "이슬람 금융은 주로 아브 알-알라 알-마우두디(Abu al-'A'la al-Mawdudi), 사이드 큐트브(Sayid Qutb), 무함마드 바키르 알-사드르(Muhammad Baqir al-Sadr) 같은 이슬람 운동의 지도자들에 의해 계획되었다"라고 증언하였다.61) 이들이 현대의 지하드 피크흐(Jihad fiqh; 지하드에 대한 이슬람 법학)를 만들었다.

티무르 쿠란은 그들에 대해 다음과 같이 말하였다. "마우두디와 그의 이념적 동지들은 이슬람과 서구가 공존할 수 없다고 생각한다. 이 둘은 이슬람에 대한 무슬림의 충성과 그들이 가진 정체성 때문에 오랫동안 전쟁을 벌이고 있다."62) 이슬람주의자들이 서구의 금융체계와 분리된 이슬람 금융체계를 만들어낸 본질적인 이유는 이자를 금지하고 있는 샤리아를 준수하고자 하는 무슬림들의 필요를 충족시켜 주기 위해서가 아니다. 이슬람 금융은 전적으로 이념적인 동기에 의해 창안되었다.

다른 비평가들도 이슬람주의자들이 이자금지라는 외적인 형식을 유지하기 위해 다양한 책략과 법적인 가설을 이용할 뿐만 아니라, 꾸란을 왜곡하여 해석하고 있으며, 진정한 무슬림의 역사를 무시하고 있다고 비난한다. 또한 그들은 어떠한 경제 체제도 이윤 없이는 기능할 수 없기 때문에, 이슬람 경제체계는 일반 금융상품들을 단지 다른 형식으로 대체하였을 뿐이라고 주장한다. 대체된 금융상품들은 꾸란에서 말한 리바 금지가 이자를 부과하는 행위에 대한 금지라는 엄격한 샤리아 해석을 따르고 있다는 인상을 주기 위해서 변형시킨 형태에 지나지 않는다. 어떠한 경제체계라도 정직과 신용에 기반을 두어야만 효율

적일 수 있는데, 이러한 표리부동한 이슬람 경제체계는 부작용을 초래할 수밖에 없다.[63]

이자를 금지한 이슬람 경제에 대한 구상은 1940년대 마우두디가 서구와의 교류를 최소화하고 무슬림 공동체인 움마의 재건을 시도하는 과정에서 처음으로 생겨났다. 티무르 쿠란은 이슬람식 거래에서 이자가 실질적으로 제거되지는 않았다고 말하고 있다. 복잡한 구조를 가진 이슬람 금융상품들은 겉으로는 이자를 취급하지 않는 것처럼 보이지만, 사실상 이자를 취급하고 있다. 이슬람 은행이 일반 은행과 본질적으로 다른 것은 없다. 이슬람 금융이라는 개념은 단지 이슬람주의자들이 이슬람의 정체성과 단결을 증대시키는 데 유용한 도구일 뿐이다. 결국 이슬람 경제는 이슬람 국가에서 빈곤을 경감시키는 데 참담하게 실패하였다.[64]

티무르 쿠란은 이슬람 은행과 일반 은행이 모두 운영되는 나라에서, 이슬람 은행이 제공하는 이익 배당과 이윤에 기반을 둔 일반 은행의 배당이 서로 다를 바가 거의 없다고 주장한다. 그는 이것이야말로 이자를 취급하지 않는다는 이슬람 은행들의 미사여구에도 불구하고, 실질적으로는 그 은행들이 이윤을 담고 있는 투자와 자산의 수익을 충분히 알고 있다는 증거라고 주장하고 있다.[65]

2006년 11월, 파키스탄 카라치의 이슬람 은행에 관한 세미나에서 중요한 연설을 하였던 살림 살람 안사리(Saleem Salam Ansari)는 무슬림 대중이 이슬람 은행이라는 미명하에 착취를 당하고 있다고 주장하여 논쟁을 불러일으켰다. 그는 파키스탄의 이슬람 은행시스템이 가난한 무슬림들을 희생하여 생긴 엄청난 배당이 은행가들에게 지급되는 구조로 되어 있다고 주장하였다. 이슬람 은행들이 해마다 22% 이상의 배당을 받고 있는 반면, 고객들은 그들의 예금에서 그만큼의 손실을 보고 있다는 것이다. 이것이 바로 이슬람 은행이라는 이름으로 행해진 "조롱거리"(mockery)이다.[66]

무함마드 살림(Muhammad Saleem)은 이슬람 은행이 경제체계를 더 "공정하고, 정의롭고, 공평하고, 정직하게" 만들고, 이슬람 세계의 경제적 발전을 증진시키겠다고 하는 본래의 목적들 중에서 어떤 것을 성취하였는지를 묻고 있다. 그의 대답은 이렇다.

"유감스럽게도 그 물음에 대한 대답은 완전히 '아니오'이다. 이슬람 은행이 이러한 목적에 기여를 했다는 어떠한 증거도 찾을 수 없다."[67]

살림은 샤리아 금융증권들과 상품들 모두를 "속임수"

로 묘사하고 있다.[68] 그는 다음과 같이 주장한다.

"이슬람 은행의 대부 업무를 정직하게 분석해 보면, 은행이 채용하고 있는 금융 방식의 95% 이상이 이자를 붙이고 있으며, 그들의 업무가 표면적으로만 일반 은행업무와 다르다는 것을 확신할 수 있을 것이다."[69]

이슬람 금융이 샤리아 자체의 해석에 정직하지 못하다는 견해에 대해 셰이크 무함마드 타키 우스마니(Sheikh Muhammad Taki Usmani)도 지지하고 있다. 이슬람 금융기관 회계감사기구(AAOIFI)의 회장인 그는 2007년에 수크크(sukuk, 이슬람 채권)의 85%가 실제로는 비이슬람적인 것이라고 공언하였다. 몇 번의 논쟁이 있은 후에, 이 기구는 위험 분담의 상황이 제거되었기 때문에 환매 조항이 있는 금융상품은 그것이 어떠한 형태일지라도 비이슬람적인 것이라고 발표하였다. 그리고 상품들은 자산에만 기반을 두는 것이 아니라, 자산을 담보로 하는 것이어야만 한다고 선언하였다.[70]

바레인 통화당국 국장인 셰이크 아마드 빈 모하메드 알 칼리파(Sheikh Ahmad bin Mohammed Al Khalifa)는 2004년에 열린 이슬람 은행과 금융 회의의 연설에서 샤리아 금융이 확장하게 된 중요한 요인을 다음과 같이 설명하였다. "이슬람 금융은 우선 전속 시장(captive market), 즉 샤리아를 엄격하게 따르는 금융기관과 거래하길 원하는 무슬림들에게 금융서비스를 제공함으로써 성장해 왔다."[71]

요약

이슬람 경제는 이슬람 국가와 전 세계의 정치적 지배를 추구하는 이슬람 기구와 정당들을 재정적으로 지원하고 있다. 그들은 비무슬림들과의 경제, 사회, 문화적 교류를 제한하고, 반대로 자신들의 권력기반을 확장하여 영향력을 증대시킴으로써 일반 세속국가의 통치체제를 약화시키고 있다. 이슬람 경제가 성장할수록, 비이슬람적인 활동들은 약화되고, 이슬람의 대의명분을 위한 방향으로 정부지출이 이루어지게 된다. 한 영역에서 이슬람화가 성공하면 도미노 효과처럼 다른 영역에서도 연쇄적으로 이슬람화가 촉진되는 현상이 나타난다. 이슬람 대안사회의 성장은 전 세계를 이슬람의 통치로 대체하려는 과정에 있어 매우 중요한 단계이다.[72]

5장 이슬람 운동의 승리

이슬람 경제는 처음에는 이론적 습작 정도에 불과하였지만, 1970년대에 축적된 오일달러로 인해 그 이상을 실제적으로 수행할 수 있는 수단을 가지게 되었다.[73] 이슬람 금융의 가능성에 대한 이론적 토론은 곧바로 서구 금융 업무를 이슬람적인 대안 금융체계로 바꾸는 방법에 관한 실천적 토론으로 그 자리를 옮겼다.[74]

이슬람 경제는 지금 파키스탄, 말레이시아, 걸프 연안

국과 이란 같은 국가에 깊이 뿌리를 내렸고, 다른 무슬림 국가로 빠르게 확장하고 있다. 무이자 원리에 기초한 샤리아 금융은 이슬람급진주의자들의 엄격한 샤리아 해석에 적합한 금융상품들을 개발하였다.75) 제휴에 기반을 둔 금융상품 뿐만 아니라, 채무증권과 채권투자 상품들을 포함하여 서구 금융상품들과 유사한 대부분의 상품들이 개발되었다.76)

이 새로운 체계는 이슬람 정부, 무슬림 사업가, 무슬림 각 개인들에게 그들이 소유한 재화를 서구 은행과 증권투자사에서 이슬람 기관으로 옮기도록 압력을 행사함에 따라 전 세계 무슬림들이 가진 모든 재화를 포괄하고자 한다. 결국 이슬람 금융의 유일한 목적은 무슬림들을 서구 금융체계로부터 격리하여, 이슬람 유토피아를 건설하는 데 필요한 분극화를 한층 더 조장하는 것에 있다.77)

다양한 분파에 속한 이슬람주의자들이 이슬람 담론에서 주도적인 목소리를 내고 정치적 힘을 얻게 됨에 따라, 정부는 그들의 요구에 굴복하여 이슬람 경제의 성장을 촉진시키고 있다.

이슬람회의기구(OIC)는 1974년 회원국 간의 개발프로젝트를 위한 기금 제공을 목적으로 정부 간 은행(intergovernmental bank)인 이슬람개발은행(IDB)을 설립하였다. 이 은행은 수수료를 기반으로 한(fee-based) 금융 서비스와 수익 분담 금융 지원(profit sharing financial assistance)을 각 회원국에게 제공하고 있다. IDB는 표면적으로는 샤리아 원리에 기반을 두어 이자 없는 금융으로 운영하고 있다. 이슬람회의기구는 이슬람국제은행협회(International Association of Islamic Banks)를 1974년에 설립하였다.78) 1990년 알제리에 이슬람금융기관회계감사기구(AAOIFI)를 세웠다가, 이후에 바레인으로 자리를 옮겼다. 그리고 1998년 첫 번째 표준회계감사체계를 발표하였다.79)

1976년 첫 번째 이슬람경제국제회의가 킹 압둘 아지즈 대학의 후원으로 메카에서 개최되었다. 200여 명의 대표자들이 참석하였는데, 주로 이슬람 운동가와 이슬람 법학자(ulama)들이었다. 이 회의에 쿠르쉬드 아마드(Khurshid Ahmad)가 부회장으로 참석하였다. 회의를 통해서 경제를 이슬람화하기 위한 기초가 확고해졌다. 또한 샤리아 금융이 훌륭한 학문이 되었고, 킹 압둘 아지즈 대학 이슬람 경제학부에 국제연구소 설립이 촉진되었다.

그리고 각 이슬람 국가의 대학에서 이슬람 경제에 대해 교육하도록 하는 촉매제 역할을 하였다. 뿐만 아니라 이슬람 기관들이 이슬람 경제와 관련된 주제에 대해 연구하도록 자극하였다.

이러한 기관에는 영국 레스터에 있는 이슬람재단(The Islamic Foundation), 파키스탄 이슬라마바드에 있는 이슬람이데올로기협의회(The Council of Islamic Ideology), 파키스탄 개발경제학 연구소(Pakistan Institue of Development Economics) 등이 있다. 이후 이슬람 국가에서, 최근에는 서구에서 이슬람 경제에 대한 수많은 회의가 개최되었다.[80]

모든 이자가 금지된 것으로 보는 해석이 주도권을 잡게 되었고, 자마아티 이슬라미(Jama'at-i-Islami)와 무슬림 형제단과 같은 이슬람 운동가들에 의해 그러한 해석이 강화되었다. 그리고 이슬람 경제는 급속히 성장하였고, 막대한 이익을 창출하는 국제시장이 되었다. 석유와 기타 자원들을 통해서 얻은 재화들이 이슬람 투자 상품으로 전환됨에 따라, 국제금융시장에서 이슬람 금융이 차지하는 비중은 확대될 것이다. 이와 동시에 이익을 얻을 수 있는 이 시장에서 자신의 몫을 늘리기를 원하는 서구의 금융기관들과 국가들에게 시장체계를 이슬람화하라는 압력을 가하게 될 것이다.

그러나 서구의 기관들과 국가들이 시장체계를 이슬람화하면 할수록 장기간에 걸친 서구의 자기붕괴가 촉진되고, 자신들의 성공을 가능케 한 금융체계를 스스로 파멸시키는 결과를 가져오게 될 것이다. 사우디아라비아의 샤리아그룹 회장이며, 이슬람 은행업 교수인 모하메드 알-오사이미(Mohammed Al-Osaimi)는 서구에서 샤리아 금융이 개발되면 경쟁이라는 새로운 효과가 발생하고, 많은 이슬람 국가들이 어쩔 수 없이 샤리아 금융에 대해 더욱 신중한 태도를 취하게 될 것이라고 주장하였다.

이슬람 금융 체제가 융성하게 된 가장 중요한 이유를 다음과 같이 말한다. "국제은행들이 이슬람 금융 체제에 대해 확신을 가지게 되었기 때문이다. 그리고 이것은 샤리아 금융의 영역에서 이슬람 은행과의 경쟁을 통해서 입증된다. 이러한 경쟁효과 때문에 비록 몇몇 은행들이(전통적 아랍계 은행외 지도자들) 이슬람 은행을 확신하지 못하지만, 많은 이슬람 국가에 있는 지역은행들은 억지로 이슬람 금융체계를 채택하게 된다."[81]

1985년 12월 이슬람회의기구의 하부 기관인 이슬람 피크흐 아카데미(Islamic Fiqh Acacemy)가 제다(Jedda)에서 특별한 모임을 가졌다. 그곳에 모인 학자들은 리바가 어떤 형태이든지 간에 샤리아에 위배된다고 선언하였다. 이것은 이슬람 은행과 금융이 엄청난 규모로 개발될 것을 알리는 신호탄과도 같은 것이었다.[82] 그리고 은행계좌에 축적된 이자와 관련하여 무슬림들이 무엇을 허용할지에 대해 결정한 내용들 중의 하나는 아래와 같다.

"무슬림들은 은행에 이자를 남겨두는 것을 허용하지 않는다. 왜냐하면 이자를 가진 은행이 이슬람과 무슬림들을 직·간접적으로 대적하는 곳에 그것을 사용할지도 모르기 때문이다. 이자를 은행에 남겨두는 것은 비무슬림과 서구 은행에 이익을 주는 행위이다. 이것은 이자가 있든 없든 리바에 기반을 둔 은행과 계속해서 거래하는 것을 허용하지 않는다는 것을 의미한다."[83]

마무드 아민 엘-가말(Mahmoud Amin El-Gamal)은 일찍이 알 아자르(Al-'Azhar)의 종교칙령위원회(Fatwa Committee)가 1960년대 국제무역을 촉진하는 데 필요한 외국 은행에 계좌를 개설하는 것에 대해 동일한 견해를 내놓았다.[84] 비록 전통적, 비무슬림 은행들이 샤리아에 따른 금융 상품들을 출시하는 것이 무슬림 소비자들 사이에 자신들을 확고히 세우고 그들의 사업을 확장하는 것이라고 믿는다 할지라도, 그것은 샤리아를 따른 경우는 아니다.

6장
지하드로서 샤리아 금융

"이슬람 이데올로기에서 전쟁은 두 가지 요소를 가진다. 지하드를 수행할 수 있는 전사가 첫 번째 요소이고, 무기를 살 수 있는 돈이 두 번째 요소이다. 꾸란의 많은 구절들이 이것을 확증하고 있다. '알라는 믿는 자 가운데서 그늘의 영혼과 재산을 사시나니 그 대가로 천국이 그들의 것이니라'(꾸란 9:111) 따라서 전쟁의 두 가지 요소는 돈과 영혼이다."[85]

이슬람이 이자를 금지하는 경제체계를 구축한 것은 무슬림들이 단지 일반적인 경제에 참여하지 못하게 만드는 방어적인 측면만 있는 것이 아니라, 오히려 서구 금융을 이슬람 금융으로 대체하여 서구 금융을 근절시키려는 적대적이고 전략적인 도구의 측면도 함께 있다.

지하드는 문자적으로 "분투하다"라는 뜻을 가지고 있다. 어떤 무슬림 학자들은 이 용어를 적용하는 데 있어 세 가지 의미를 부여한다.

지하드 알 나프스(Jihad al-Nafs, 영혼): 죄를 멀리하고, 알라의 명령에 복종하는 개인적인 투쟁을 의미한다. 이것은 위대한 성전이라고 불리는데, 지하드 알 나프스에 참여하지 않고는 다음 단계의 지하드로 나아갈 수 없기 때문이다.

지하드 빌 리산(Jihad bi'l Lisan, 언어), 왈 일름(wa'l 'ilm 지식), 왈 콸람(wa'l qalam 펜): 위선자들을 대적하여 굳건하게 서서 설교하고, 특히 무슬림 예언자 무함마드를 공격할 때 그것에 대해 대답하는 것을 의미한다.

지하드 빌 말(Jihad bi'l Mal 재산), 비 알-나프스(bi' al-Nafs 자기희생): 이교도와 다신교도를 향한 투쟁을 의미한다. 지하드에 관한 대부분의 꾸란 구절들은 실제적인 전투와 자기희생 이전에 지하드에서 사용하는 재산에 대한 내용이 먼저 나온다. 자기희생이 가장 높은 보상을 얻는다는 것에 주목해야만 한다.

아나스 이븐 말릭(Anas ibn Malik)이 해설을 덧붙인 하디스(hadith)는 지하드의 세 번째 의미를 다음과 같이 천명하였다.[86]

"예언자가 말씀하셨다: 다신론자들을 대적하여 싸울 때, 너의 재산과 너의 영혼과 너의 언어를 사용하여라"(아부 다우드, Abu Dawud 1033).

꾸란과 순나(sunna, 무함마드의 언행)에 따르면 알라는 무슬림들에게 그들의 재산과 생명을 지하드를 위해서 바치라고 명령하고 있다. 샤리아 금융은 꾸란과 하디스(hadith, 무함마드 언행록-역자 주)에 있는 경제적 지하드에 관한 지침들을 현대적으로 재구성하고 확장한 것이다. 샤리아-적격(Sharia-compliant)금융은 전통적 은행들이 취급하는 모든 비이슬람 금융거래 방식들과는 종교적으로 대립되는데, 우선적으로 이자와 위험(risk)을 대하는 태도의 차이에 의해 구별된다. 샤리아 금융 상품들과 그 운영은 근본적으로 전통적이고, 전형적인 금융거래방식들을 모방하거나 수정한 것이기 때문에 결과적으로 속임수와 혼돈이 생긴다.[87]

2002년 당시 말레이시아 총리였던 마하티르 모하메드(Mahathir Mohamed)는 이슬람금융서비스위원회(IFSB, Islamic Financial Services Board)를 설립하면서 "보편적인 이슬람 은행 체제는 이러한 노예제를 폐지하기 위해 추구할 가치가 있는 지하드이다"라고 설명하였다.[88] 〈알-아흐람〉(Al-Ahram, 이집트의 대표적 언론지)의 보고서 "금융 지하드"는 총리가 말한 "이러한 노예제"가 많은 개발도상국을 끝없는 빚더미를 짊어진 재정적 노예로 몰고 가는 국제통화체제를 의미한다고 설명하고 있다[89](마하티르는 오랫동안 총리로 재직하면서 말레이시아 경제를 국제통화체제 안에서 9년 동안 해마다 10%의 성장을 이루어내었다는 사실을 주목할 필요가 있다).[90]

오사마 빈 라덴(Osama bin Laden)은 2001년 12월 27일, 금융 지하드, 리바 부과의 범죄성, 그리고 비이슬람 체제의 노예화에 관해 유사한 견해로 메시지를 전했다.

"그들은 미국의 보좌를 흔들고, 미국 경제의 핵심을 강타했다. 그들은 전능한 알라에 힘입어, 가장 거대한 군사력의 심층부를 강타했다. 이것은 국제적인 고리대금의 가증한 경제체계 -미국이 연약한 민족에게 불신앙과 굴욕을 강요하기 위해 자신의 군사력과 더불어 사용하는 경제체계-가 쉽게 붕괴될 수 있다는 명백한 증거이다.…만약 그들의 경제가 무너진다면 그들은 연약한 민족들을 노예화하기보다는 자신의 업무로 분주하게 될 것이다. 따라서 가능한 모든 방법을 동원하여 미국 경제체계를 공격하는 일에 집중하는 것은 너무나 중요하다."[91]

테러를 재정적으로 후원하는 일과 관련된 이슬람 조직, 자선기관, 금융기관들 중 몇 곳은 2001년 11월 11일 이후, 새로운 세계적 요구에 한층 더 부응하기 위해 자신들의 방식과 기준을 조정하였다. 이러한 일을 진행하는 동안 샤리아 금융을 숨기고 "안정화하기" 위해, 그리고 무슬림 재화를 서구의 전통적 시장으로부터 끌어내기 위해 무슬림 지도자들은 IFSB와 같은 기관들을 설립하였다.

말레이시아 중앙은행장인 제티 아크타르 아지즈(Zeti Akhtar Aziz)는 "이 기금들을 이슬람 세계 쪽으로 가능한 많이 흘러들어갈 수 있도록 방향을 바꾸는 것이 목적이다"라고 선언하였다.[92]

샤리아 금융이 2001년 11월 11일 이전보다 상당히 강력해졌다는 것은 명백한 사실이다. 4배나 상승한 유가로 인해 축적된 막대한 자금은 이슬람 정부와 무슬림들에게 상당한 경제적, 정치적 세력을 가져다주었다.[93] 이것은 전 세계의 이슬람화를 촉진시키는 효과적인 도구가 되었다. 샤리아에 적합한 금융은 사실상 경제적인 지하드로서, 아직 전투와 같은 형태의 군사적 지하드에 참여할 준비가 되지 않은 무슬림들을 결집하여 다른 방식으로 지하드에 가담시키는 것에 성공하였다.

리바에 참여하는 자들을 대적하는 지하드를 옹호하는 경전 자료들

리바를 통해서 이익을 취하는 사람들에 대해 알라의 저주와 분노를 선포하는 이슬람 문헌들은 수없이 많다. 리바에서 이익을 얻는 사람들은 내세의 벌을 피할 수 없을 뿐만 아니라, 현세에서도 샤리아의 처벌을 받아야 한다. 리바 금지 명령을 어긴 것에 대한 처벌을 기록하고 있는 꾸란을 고려하는 것은 중요하다.

"오 믿는 자들이여! 알라를 두려워하라. 만일 네가 (진심으로) 믿는 자라면, (지금부터 계속) 리바에서 나온 것을 포기하라. 만일 네가 그렇게 하지 않는다면 알라와 그의 사도에게서 적의에 찬 경고를 받게 될 것이다. 그러나 네가 회개하면 너는 네 자산 총액을 갖게 될 것이다. (네 자산 총액 이상을 요구하며) 부정하게 거래하지 말고, (네 자산 총액 이하를 받으면서) 불공정하게 거래하지 말라"(꾸란 2:178-9, 칸⟨Khan⟩, 알-히라리⟨Al-Hilali⟩번역).

이 구절에서 핵심 구절은 "알라와 그의 사도 즉, 무함마드에게서 오는 적의"에 관한 경고이다. 이것은 리바 행위와 관련된 자들을 대적하는 문자적, 폭력적 지하드를 가리킨다. 전통적 주석가들은 이 구절을 어떻게 이해했으며, 현대 이슬람 법학자들은 어떻게 보고 있을까?

이븐 카시르(Ibn Kathir)는 이 두 구절을 주석하면서[94] 무함마드의 언행록인 하디스 두 개를 참조하고 있다.

"리바에는 70가지 유형이 있다. 그 중에서 가장 약한 정도의 리바행위가 그의 모친과 성관계를 하는 자와 비등하다"(이븐 마자 2:764).

"알라여 리바를 받은 자, 리바를 지불한 자, 그것에 대해 증인으로 선 두 명, 그리고 그것을 기록한 서기관을 저주하소서"(무슬림 3:1219).

이븐은 그 다음 "만일 네가 그렇게 하지 않는다면 알라와 그의 사도에게서 적의에 찬 경고를 받게 될 것이다"라는 구절에 대한 부분에서 알-타바리 (무함마드 이븐 자리르 알-타바리〈Muhammad ibn Jarir al-Tabari〉, 838-923, 가장 유명한 초기 무슬림 역사학자와 꾸란 주석가 중 한 명)의 주석을 인용하고 있다.

"리바를 계속해서 거래하면서, 그것을 그만두지 않는 자에 대해 무슬림 지도자는 돌이킬 것을 요구해야만 한다. 만일 그가 여전히 리바를 그만두지 않는다면, 무슬림 지도자는 그를 참수형에 처해야 한다."95)

서구의 정부, 은행, 타 기관들은 다음 두 가지 사실을 깨달아야만 한다. 첫 번째는 샤리아 금융을 고집하는 무슬림들이 비이슬람 은행체계에서 일하고 있는 전 세계 사람들에게 알라의 저주가 임한다고 믿고 있다는 사실이다. 두 번째는 (알-타바리에 따르면) 경고를 받았음에도 불구하고, 끝까지 리바에 종사하는 사람들을 참수시킬 권리가 무슬림 지도자에게 있다고 생각한다는 사실이다.

꾸란과 하디스 본문에서 저주와 관련하여 유대인을 언급하고 있기 때문에, 알라의 저주는 무슬림뿐만 아니라 비무슬림들에게도 해당된다는 점을 주목할 필요가 있다. 현대의 탁월한 이슬람 학자인 셰이크 유스프 알-카라다위는 1994년에 쓴 책 《이슬람에서 허용되는 것과 금지되는 것(The Lawful and the Prohibited in Islam)》의 "이자의 금지"장에서 이 구절을 인용하고 있다. 알-카라다위는 카타르 대학교 샤리아 학부의 학장이자 20권이 넘는 책을 저술하였으며, 알-자지라와 BBC의 아랍 웹사이트 고정설교자이다. 그는 다음과 같이 주장하였다.

"이슬람은 고리대금 혹은 이율이 높든 낮든 이자(리바)를 받고 빌려줌으로써 그의 자산을 늘리려고 하는 자들이 들어오는 통로를 차단한다. 이자를 취급하는 것이 금지되었음에도 불구하고, 유대인들이 고리대금을 계속하는 것에 대해서 견책한다… 예언자(그에게 평화가 있기를)는 고리대금과 그것을 취급하는 자에 대해 전쟁을 선포하였다. 그는 고리대금이 사회적으로 해악을 끼치는 것임을 지적하면서 말하기를 '공동체에 고리대금과 우상숭배가 나타나면, 그 공동체의 사람들은 알라의 처벌을 받을 만한 자리로 가는 것이다' 라고 하였다."96)

알-카라다위는 알라와 무함마드 둘 다 이자를 취하는 자에 대해 전쟁을 선포하였다고 확신했다. 이것은 이들이 이생과 내세에 가혹한 처벌을 받아야 한다는 것을 의미한다.

마무드 에이 엘-가말(Mahmoud A. El-Gamal) 박사는 리바의 금지에 관한 꾸란 본문과 여러 하디스에 대해 논의하면서 결론짓기를,97)

하디스를 어기게 되면 금지된 리바의 두 가지 형태 중 하나로 귀착하게 될 것이다.

1. 리바 알-파들(riba al-Fadl): 그 자리에서 즉시 다른

분량의 화폐로 갚는 것, 혹은

2. 리바 알-나시아(riba al-nasi'ah): 시일이 지난 후, 화폐로 갚는 것

후자의 형태(리바 알-나시아)는 서구 금융의 기초이다. 전통적 금융시장에서는 금융 중개가 대출을 통해 이루어지며, 돈의 시간 가치가 이자 지불로 반영된다. 우리가 살펴보았듯이 이것은 명백히 리바이며, 알라와 그의 사도에게서 적의에 찬 경고를 받았던 바로 그 탐식이다. 실제로 아부 다우드(Abu Dawud, 하디스 편찬자-역자 주)는 이븐 마스우드(Ibn Mas'ud)가 전하는 예언자의 말을 기록하고 있다.

"알라의 사도(Pbuh)는 리바를 탐하는 자, 리바를 지불하는 자, 그것에 증인 선 자와 그것을 기록한 자를 저주하였다."

엘-가말은 계속해서 설명한다.

"무슬림과 알 부카리(Al Bukhari), 알 티르미디(Al Tirmidhi)의 이야기 속에 유사한 전통이 나오고 있다. 이븐 마자(Ibn Majah)와 알 하킴(Al Hakim)은 그들의 하디스에서 이븐 마스우드가 전하는 예언자의 말을 파괴적으로 기록하고 있다. 무함마드가 말하기를,

리바에는 73가지 유형들이 있는데, 그중에 가장 약한 것이 (죄에 있어) 근친상간을 저지르는 것과 동일하고, 가장 최악의 것은 (죄에 있어) 한 명의 무슬림의 명예를 더럽히는 것과 동일하다."98)

엘-가말이 이러한 극단적인 하디스를 인용하는 것은 서구 무슬림 공동체뿐만 아니라, 정책개발의 자문을 구하는 미국의 정부 입안자들에게도 커다란 압력을 가하는 것이다. 미국이나 그 이외의 지역에 거주하면서 전통적인 일반은행에 예금계좌, 저당 등을 가지고 있는 모든 무슬림들에게 그의 모친과 근친상간했을 때 느끼는 죄책감과 동일한 죄책감을 가지도록 몰아세우고 있는 것이다!

더구나 이슬람주의자들은 일반은행과 거래하는 모든 행위에 대한 도덕적 금지를 만들어냈을 뿐만 아니라, 가해자에 대한 처벌, 심지어 금전적 처벌을 사용하는 지침을 내리고 있다. 이슬람 금융 체계에 대한 새로운 종교적 강제 원칙을 수립하는 것은 단지 전통 은행으로부터의 분리라는 미약하고도 기술적인 문제만을 의미하는 것이 아니다. 그것은 서구 금융을 완전히 박멸하는 소명과 그 안에 포함된 모든 것에 반하여 폭력으로 이끄는 길로 들어서는 첫걸음이다. 서구의 정치지도자, 경제인 그리고 금융기관들은 샤리아 적격 금융을 받아들여 시행하고 있는 자들의 행위 속에 담겨 있는 의도와 그 결과들에 대해 반드시 알고 있어야만 한다.

정치, 경제적 무기로서 금융 지하드

사우디 국왕이 이끌었던 아랍석유수출국기구(OAPEC)는 1973년 아랍-이스라엘 전쟁 중, 석유 공급을 정치적 무기로 사용하기로 결정하였다. 그들이 이스라엘을 지원하는 서방국가들에 석유 공급을 일시적으로 중단하였을 때, 전쟁 기간이었던 몇 주 뿐만 아니라, 그 이후 몇 년 동안 정치적 세력을 가질 수 있는 효과적인 수단임을 깨닫게 되었다.

석유를 수출하는 아랍 국가들은 미국과 그 외 여러 나라들에 대해 그들이 가지고 있는 것을 통해 정치적 영향력을 행사할 수 있다는 것을 발견하였다. 유가 폭등은 샤리아 금융의 시작을 알리는 종과 같은 것이었다. 최근 몇 년 동안 유가가 매우 높은 수준으로 상승함에 따라, 막대한 양의 오일달러가 걸프 연안의 이슬람 국가들에게로 흘러들어갔다. 이로써 샤리아 금융은 커다란 유익을 얻게 되었고, 다양한 모험들을 시도할 수 있게 되었다. 게다가 전 세계에 있는 외국 은행들이 샤리아에 적합한 조건으로 사업을 추진하기 위해 몰려들었다. 몇몇 전통적 금융기관들은 샤리아 금융을 위해 새로운 창구를 개설하였으며, 홍콩의 HSBC는 HSBC/아마나 이슬람 은행과 같은 프로젝트에 더욱 깊이 관여하게 되었다.

"오일과 새로운 경제 질서"(Oil and the New Economic Order)라는 아주 중요한 연구물에서 갈 루프트(Gal Luft)는 유가 상승의 결과로 나타난 의미 있는 구조적 변화를 다음과 같이 묘사하고 있다.

"계속되는 유가 상승은 OPEC과 서구 국가들 사이에 형성된 경제적 균형이 석유를 소유한 나라들 쪽으로 기울어지게 하면서 세계의 경제 질서를 재편하였다. 로버트 주브린(Robert Zubrin)은 1972년에 미국은 석유 수입비용으로 국방 예산의 1.2%에 해당하는 40억 달러를 지출하였지만, 2006년에는 2,600억 달러를 지출하였고, 이는 국방 예산의 절반에 해당한다고 지적하였다. 같은 기간 사우디아라비아가 석유를 통해서 벌어들인 수익은 27억 달러에서 2,000억 달러로 폭발적으로 증가하였고, 이것으로 급진적인 이슬람에 자금을 지원할 수 있는 능력도 증대하였다. 다가올 미래에는 이런 경제적 불균형이 급속도로 커지게 될 것이다."[99]

경제 지하드는 빈 라덴이 2001년 12월 27일 메시지에서 묘사한 것을 성취하고 있다.

"경제적 출혈이 지금까지 계속되고 있으나, 그 이상의 공격들이 필요하다. 젊은이들은 미국 경제의 핵심 기둥들을 찾는 노력을 해야만 한다. 적의 핵심 기둥들을 공격해야 한다. 이것이 알라의 뜻이다."[100]

2008년 현재 우리 입장에서 보면 빈 라덴은 한 가지를 잘못 판단한 것처럼 보인다. "그 이상의 공격"(further strike)에 대한 필요이다. 유가가 배럴당 100달러를 넘어서면서, 샤리아 금융의 규모가 2003년에 최소 3,000억 달러에서 2008년에 1조 억 달러에 이르렀다. 국제 경제의 관점에서 보면, 샤리아 금융의 규모는 작은 비율인 것처럼 보일 수도 있다. 그러나 오일에 대한 요구와 가격상승이 계속되고 있고, 달러는 약화되고 있으며, 부채는 크게 불어나고 있다. 게다가 금융위기까지 겹치면서 서구는 그들의 경제적, 정치적 힘에 있어 대출혈에 가까운 상황에 직면하고 있다. 루프트는 "미국에게 있어 중동의 석유에 대한 표준화가 영구적으로 진행되면 주권이 상실되는 측면이 확대되고, 경제, 정치적으로 쇠락하여 OPEC과 그들의 변덕에 점차적으로 종속되는 것이 확실하다"[101]라고 서술하고 있다.

지하드의 한 요소로서 서구에 대한 속임수와 혼동

서구의 미디어, 금융상품, 정부논문, 청문회 등 샤리아 금융이 언급되는 거의 대부분의 경우에, 그것이 샤리아의 이자금지에 기반을 둔 종교적 의무를 통해서 묘사되고 있다. 그러나 샤리아 금융의 기원이나, 리바의 정의에 관한 어떠한 논쟁도 발견할 수가 없다.

비록 저술가, 은행가, 관료들이 샤리아가 모든 이자행위를 금지한다고 보는 현대적 해석을 자신있게 말하지만, 그것이 실제로 의미하고 있는 바에 대해서는 아무런 언급도 하지 않고 있다. 이러한 침묵이 속임수, 부패, 냉담, 공포 혹은 무지의 결과이든 아니든 그것은 틀림없이 샤리아 금융에 대한 서구의 가장 큰 취약점일 것이다.

샤리아 금융의 설립자에게 있어서 샤리아의 절대적인 규범은 무슬림들의 편의를 위한 개인적인 선택이나, 금융의 영역에 제한된 어떤 것이 아니다. 마우두디는 "무슬림이 비이슬람 정부가 구축한 체제의 권위 아래서 이슬람의 삶의 양식을 준수하는 목적에 성공하는 것은 불가능하다"라고 말하고 있다.[102] 그는 "이슬람 지하드의 목적은 비이슬람 체제를 제거하고, 그 자리에 이슬람 체제를 가진 국가를 세우기 위한 규칙들을 채워넣는 것이다"라고

하였으며,《알라의 길에서 지하드를(지하드 피 사빌리라《Jihad fi Sabilillah》)》이라는 자신의 책에서 "이 규례를 한 나라나 소수의 나라에 제한시킬 생각이 전혀 없다. 이슬람의 목적은 세계적 혁명을 일으키는 것이다. 비록 시작 단계에서는 이슬람 당원들이 속한 각 나라의 국가 체제에서 혁명을 수행하는 것이 주어진 의무이지만, 그들의 궁극적 목적은 다름 아닌 세계 혁명이다"라고 쓰고 있다.[103]

하지만 서구 금융기관들, 저술가 그리고 정부 관료들은 이와 같은 주장에 대해 아무런 주의도 기울이지 않는다.[104] 이슬람주의자들은 이러한 주장이 이슬람 내부적인 동의에 의해 받아들여졌고, 따라서 반드시 복종해야 할 종교적 의무라고 가정한다. 이러한 주장은 이것과 연관된 거의 대부분의 사람들에게 당황스럽고 위험한 것이지만, 샤리아 금융을 원하지 않는 서구에 사는 무슬림들에게 특히 그러하다.[105]

말레이시아는 이슬람주의자들이 주장하는 사회체제보다는 세속적인 전통체제가 우세하지만, 리바의 해석에 있어서는 엄격한 샤리아 해석을 채택하고 있다. 그리고 이 해석에 근거한 이슬람 금융시장을 개발하는 데 발 벗고 나서고 있다. 1995년에 샤리아자문위원회(SAC, Shariah Advisory Council)는 리바에 기반을 둔 회사의 유가증권이 샤리아에 의해 허용되지 않으며, 그러한 회사는 샤리아에 적합한 회사의 목록에 포함될 수 없다고 결정하였다.[106]

권위를 가진 서구의 많은 경제전문가들이, 경제 원리에 엄격한 샤리아 해석을 적용하는 이슬람주의자들의 주장을 이슬람 전체의 대표성 있는 견해로 받아들였다. 이것이 이슬람주의자들에게 힘을 실어주게 되었고, 온건파나 진보파들이 약화되는 결과를 초래하게 되었다. 그리고 개별 무슬림들은 소위 샤리아에 적합한 금융상품을 이용하라는 집단의 압력을 더욱 심하게 받게 되었다.

캐나다의 무슬림 정치 활동가이자, 작가이며 TV 사회자인 타렉 파타(Tarek Fatah)는 2008년 1월 25일 〈글로브 앤드 메일(Globe and Mail)〉 신문 특집란에서 다음과 같이 호소하였다.

"인간이 만든 샤리아 법의 중세석 본질을 태어날 때부터 목격했던 우리들 중 많은 사람들이 2005년 9월에 크게 안도의 한숨을 쉬었다. 우리는 이번 기회를 통해서 이슬람주의자들이 서구의 사법권에 스며들어가려는 시도가 끝날 것이라고 판단하였다. 하지만 우리의 판단은 빗나갔다. 샤리아를 소개하는 캠페인이 되돌아왔다. 과거의 캠페인이 다문화주의에 호소하는 대중적인 접근 방식을 취하였다면, 이번에는 새로운 틈새시장이라는 명목을 내세우며, 샤리아 금융을 당근으로 내걸고서 샤리아를 우호적인 것으로 보이게 하려는 로비 활동을 하고 있다. 우려스러운 점은 이러한 캠페인이 캐나다 주요 은행들의 후원을 받고 있는 사실이다. 시티 은행, HSBC 홀딩스 은행, 버클레이스 은행 등이 샤리아 은행업을 승인하였고, 이슬람 금융 상품으로 끌어오기 쉬운 무슬림 시민들을 대상으로 상품 판매를 시작하였다."107)

파타는 캐나다 민사법원이 샤리아 중재위원회에 대한 판결을 집행할 수 있는 주도권을 장악하지 못한 점에 대해서 지적하고 있다. 이슬람주의자들은 결코 쉬지 않는다는 것이 그의 결론이다. 즉, 한 곳에서 실패하면 그들은 즉시 새로운 공격을 시작한다. 그렇게 공격하는 목적은 서구사회 전체를 이슬람화하여, 그것을 샤리아의 통치 아래에 둔다는 목표를 향해 한층 더 전진하는 것에 있다.

샤리아 금융은 비이슬람적인 시스템을 전복시키려는, 전 세계를 다스릴 범(凡)이슬람 왕조(Caliphate)를 세우려는 이슬람 이데올로기스트들의 비전과 일치하는, 지하드의 더 포괄적인 목표의 한 부분이라고 결론내릴 수 있을 것이다. 그들의 도구 중 하나는 속임수로, 전통적 금융 체제를 부분적으로 모방함으로써 달성한다. 그 목적은, 마하티르 모하메드가 요약했듯이 "전 세계적인 이슬람식 은행체계"(universal Islamic banking system)이다.108) 이것은 본질적으로 무슬림 극단주의자들이 설파해온 샤리아의 통치 아래 전 세계를 하나의 움마(umma, 이슬람 공동체)로 다스리는 것과 동일한 이데올로기이며 꿈이다.

7장
샤리아 금융의 위험성과 취약점

이슬람 금융과 은행 체계의 위험성은 이것을 고안한 자들이 가진 목적 즉 이슬람 이데올로기에 있다. 그들의 목적에는 서구를 약화시키고 세계의 모든 체계 다시 말해서 정치, 경제, 사회, 문화적 체계를 이슬람으로 지배하고자 하는 의도가 포함되어 있다. 이와 같은 목적을 달성하기 위해서는 현재의 지배적인 서구 체계를 파괴시키고, 이것을 점진적으로 이슬람 체계로 대체할 필요가 있다.

샤리아 금융과 은행은 이와 같은 목적을 이루기 위해 사용되는 많은 도구들 중의 하나에 불과하다. 현재 이슬람 시장에서 돈을 벌기에 여념이 없는 서구의 정부와 기관들은 소련과의 전쟁에서 이슬람 급진주의자들을 지원했기 때문에 빠졌던 것과 동일한 덫에 걸려들고 있다. 쉽게 말해서 서구의 정부와 기관들은 자신들이 통제할 수 없을 뿐만 아니라, 향후에 적대세력이 될지도 모르는 강력한 체계가 확장되도록 지원하고 있는 것이다.

이슬람 운동가들은 이슬람 세계가 급진적인 성향을 가지도록 하기 위해 앞장서고 있고, 주로 무슬림들이 있는 길거리에서 서구에 대해 증오심이 불러일으켜질 수 있도록 선동하고 있다. 그들은 자신들의 목적을 이루기 위해, 내부적으로는 서구 사회의 이슬람화와 같은 급진적 목적이 달성될 수 있도록 압력을 가하는 반면 외부적으로는 온건한 모습을 보여주고 있다.

이러한 운동 단체들에는 무슬림 형제단, 사우디의 와하비-살라피즘(Wahhabi-Salafism, 이슬람 근본주의를 따르는 과격단체로 급성장 중-역자 주), 데오반드 운동(Deoband movement), 자마아티 이슬라미(Jama'at'i Islami: 파키스탄의 급진정당, 마우두디가 창설-역자 주) 등이 포함된다. 이들은 국제이슬람동맹을 조직하여, 어느 곳에서든지 샤리아의 통치를 받는 이슬람 국가를 위해 그리고 비무슬림 사회나 국가의 이슬람화를 위해 선동하고 있다. 샤리아 금융과 은행도 이러한 선동의 한 부분에 속한다.

속임수와 폭력에 넘어가기 쉬운 이슬람 금융 체제[109]

테러리스트들이 2001년 9월 11일 세계무역센터를 공격한 이후, 변명할 여지도 없이 샤리아 금융이 돈세탁이나 테러 기금지원 같은 불법적 운영에 취약하다는 것이 명백하게 밝혀졌다. 미국과 다른 여러 나라의 정부들은 테러 단체인 알-카에다(Al-Qaeda)와 연결되고, 테러리스트들의 테러계획과 연관되어 있는 금융망을 포착하여 사전에 차단하고자 끊임없이 노력하고 있다.

이 공격이 있은 지 일 년 만에, 테러를 지원하는 곳으로 미국은 거의 180개의 이슬람 은행, 협회, 자선기관들을 블랙리스트에 올렸다. 여기에는 아마도 알-타끄와(Al-Taqwa) 이슬람 은행, 달라 엘-바라카 그룹(Dallah El-Baraka Group), 엘-라쉬드 신탁(El-Rashid Trust) 등과 같이 유명기관들도 다수 포함되어 있다.[110]

최근 연구결과에 따르면, 이슬람 테러의 가장 큰 자금출처가 자카트라는 것이 밝혀지고 있다. 이것은 일반적으로 이슬람 은행체계에 스며들고 있다.111) 자카트 체계를 이용하여, 십 년 이상 "알-카에다는 이슬람 은행 기관들을 효과적으로 이용하였다. 즉 최전방에서 활동하고 있는 자선단체와 각 회사들의 연결망을 통해서 부유한 사업가와 은행가로부터 사우디 GNP의 약 20%에 해당되는 3백만에서 5백만 달러를 제공받을 수 있었다."112)

우리가 이미 살펴보았듯이, 마무드 엘-가말은 샤리아금융이 돈세탁과 테러에 쉽게 이용될 수 있다는 점을 알고 있었다.

"샤리아 차익 이슬람 금융이 동일한 도구를 불법적인 금융거래로 활용하는 한, 이 산업은 악용되기 쉽다…현재의 샤리아 차익 이슬람 금융의 처리 방식은 너무나 위험하다…이슬람 금융상품의 개발 3단계는 돈세탁자, 테러와 연관된 금융가가 사용하는 방법과 너무나 유사하다."113)

그러나 이 논문이 출간된 같은 해(2005년)에, 미국 상원위원회 청문회에서 엘-가말은 "중동의 돈세탁과 테러금융 문제"에 대하여 다음과 같이 진술하였다.

"내 분석의 결론은 아래에서 설명되고 있듯이, 이론상으로 이슬람 금융은 돈세탁자나 테러금융가에 의해 아무런 영향을 받지 않는다거나 혹은 특별히 악용되기 쉽다거나 하는 등의 논의를 할 이유가 전혀 없다. 이런 관점에서 이슬람 금융이 임대나 세일과 같은 단순계약에서 현대의 금융 업무를 종합하는 상대적으로 복잡한 금융 방법 −원래는 규제 차익 (regulatory arbitrage, 규제의 차이를 이용해서 이익을 추구하는 것을 말함− 역자 주) 목적으로 고안된 방법− 을 활용하고 있다는 점을 아는 것이 중요하다."114)

위의 인용문에서 보듯이 그의 견해는 앞에서 주장한 견해들과 모순된다. 이것은 아마도 샤리아 금융과 이슬람의 명예를 보호하기를 원했기 때문일 것이다. (그는 타키야 교리 〈taqiyya, 무슬림들이 협박, 학대, 강박의 상태에서 그들의 신앙을 숨기는 행위를 허락하는 교리− 역자 주〉를 사용하고 있는 것 같다). 비록 전문적으로 그것을 연구했을 때는 어떤 양상들을 비평했음에도 불구하고 말이다. 독실한 무슬림으로서 엘-가말은 샤리아 금융을 신봉하지만 지금의 어떤 형태와 관행은 비평하고 있으며, 그것이 개선되기를 원하고 있다.

이슬람 금융상품들이 출시되는 속도가 규제 장치 (regulatory frameworks)가 설치되는 속도보다 빠르다. 그리고 이슬람 은행 규정이 나라마다 다르다. 결국 각 나라들은 규제적 표준과 반(反) 돈세탁 규정에 접근하는 방향이 다르다. 파리에 있는 금융대책기구(FATF)는 이런 상황에 대해 우려를 표명하였다. 이 기구는 돈세탁과 테러 기금 조성을 방지하기 위한 국가적 그리고 국제적 정책을 개발하고 증진시키기 위해 설립된 정부 간 조직체이다. 예를 들어 파키스탄의 불투명한 회계 관행 때문에 불명확한 금융 제표들이 생겨났다. 한정된 회사만 공인회계사가 감사한 정기 금융 제표를 준비할 것을 요구받았다. 국제 이슬람 금융감독의 구조는 자신들의 표준을 전면적으로 강압하여 효과적으로 집행하기 어렵게 되어 있다. 이러한 약점 때문에 이 체계가 범죄에 악용되는 것이 가능한 것이다.

이슬람 기관들은 변덕스러운 이슬람 금융체계 때문에 특정행위를 전통적인 일반은행보다 쉽게 숨길 수 있다. 예금자들의 공동 기금을 통해 불법적인 자금을 더 수월하게 양도하게 함으로써 잠재적 수익은 엄청나게 확대될 수 있다.

단기간의 기금 형성에 적당한 금융 상품이 없고, 이슬람 은행이 최종 대출자인 중앙은행에 의지할 수도 없기 때문에 이슬람 은행들은 서로 간에 막대한 규모의 자금을 양도하는 경향이 있다. 그래서 잠재적인 돈세탁자들의 관심을 끌고 있다.

이슬람 은행들은 수익을 위해 단기 투자를 선호하는 경향이 있고, 이러한 정책이 돈세탁을 시도하는 사람들이 이슬람 은행을 악용하려는 생각을 가지도록 하고 있다. 고객들에게 고정 이자를 지불하는 대신 재량에 따른 막대한 규모의 로열티를 보너스로 주는 관습은 불법 양도의 길을 터주는 결과를 초래하였다.

전통적 하왈라(hawala) 중개업자와 새로운 이슬람 은행 체계 사이의 거래는 또 다른 심각한 우려를 야기한다. (하왈라는 이슬람 사회에서 통용되고 있는 비공식적 송금 체제이다. 이것은 주로 중동과 아시아에 있는 통화 중개인들의 거대한 조직망을 포함하고 있다). 전통적인 하왈라 송금은 신뢰에 바탕을 두고 세워지고, 서류와 같은 흔적을 전혀 남기지 않는다. 현재 하왈라 중개업자들은 이슬람 은행들과 통합하고 있으며, 은행은 그들을 송금망의 한 방식으로 활용하고 있다. 이러한 관행은 불법적인 양도와 돈세탁을 가능하게 할 것이다.

이슬람 보험(takaful, 타카풀)에서 회사 기록은 왜곡되기 쉽고, 자금은 숨겨지거나 과도하게 지불받은 개인을 통해 사라진다. 비록 범죄를 목적으로 이루어진다고 하더라도, 해약 환급금 지불이 반드시 이루어져야만 한다. 회사의 회계는 비밀에 싸여 있고, 정기적으로 공개되지 않기 때문에 문서위조가 쉬워진다.

어떤 무슬림 국가들은 외국 투자를 유치하기 위해 역외기관(offshore entity)들을 설립하였다. 예를 들어 바레인 은행기관의 47%가 역외기관에 해당한다. 마찬가지로 역외 금융 유치는 돈세탁에 악용될 수 있다.

몇 몇 중동 국가의 국부 펀드(sovereign-wealth fund)는 오일달러로 축적된 유동자본에 의해 급부상하였다. 그러나 샤리아 금융이라는 상황에서 형성된 그러한 자금은 국제 금융전문가들에 의한 효과적인 감시와 규정에 맞는 투명성이 부족하다. 자금 총액은 매우 중요하기 때문에, 이러한 불투명성은 세계 금융안정성에 잠재적으로 심각한 결과를 초래하게 된다.

8장
샤리아 금융을 규제하려는 노력

샤리아 금융은 정보공개와 투명성에 대한 규제표준을 확립하는 데 실패하였다. 규제표준에 있어서 전통적인 일반금융과 부합하지도 않고, 오히려 적대적으로 반대하는 것을 보면 앞으로 성공할 것 같지도 않다. 특히 샤리아 금융 대부분이 비(非) 시장 혹은 폐쇄적인 경제체계 안에서 운영되고 있기 때문에, 투명성이나 규제표준이 충분하지 않은 금융체계는 심각한 문제를 내포하고 있는 셈이다. 금융체계에 있어서 부패는 가장 끈질긴 문제이다. 그래서 세계적으로 구속력 있는 엄격한 규제체계의 확립이 시급히 요구된다.

샤리아 금융은 많은 국가와 지역에 걸쳐 다양한 관행에 뿌리를 두고 있다는 또 다른 문제에 직면하고 있다. 샤리아 해석이 각 지역마다 다르기 때문에 분쟁이 야기되고 있다. 샤리아를 지키기 위해 그 준거들을 도출하는 방식은 매우 다양하다. 결과적으로 이슬람 금융관행들을 조화롭게 조정하고, 표준화하려는 세계적인 노력이 증가하고 있다. 이러한 일들은 주로 이슬람금융기관회계감사기구(AAOIFI)와 이슬람금융서비스위원회(IFSB)를 통해 이루어지고 있다. 이와 같은 기관의 목적은 이슬람 금융시장의 세계적인 네트워크를 형성하는 것이다.[115]

2002년 11월, 이집트 신문인 〈알-아흐람(Al-Ahram)〉은 IFSB와 유사한 형태로 "사실상의 이슬람 중앙은행"을 창설하기 위해 모인 주요 9개국 이슬람 은행의 역사적인 모임에 관해 보도하였다.[116] IFSB는 이슬람 금융상품을 제공하는 기관들을 전 세계적으로 규제하기 위해 조직되었다. IFSB의 출범을 배후에서 도와준 말레이시아 총리 마하티르 모하메드(Mahathir Mohamed) 박사에 따르면, IFSB는 샤리아 금융이 테러자금을 지원하는 불법적인 관행에 매우 취약하다는 심각한 우려의 목소리에 대해 응답하고,

9.11사태의 충격을 흡수하여 "이슬람 금융의 안정성"을 강화시키기 위해서 설립되었다. 마하티르는 연설에서 말하기를

"IFSB의 설립은 이슬람 은행과 금융 체계를 국제화하기 위한 것이다. 이것은 이슬람 은행이 감독과 규정에 대한 최고의 국제적 관행과 표준을 담아내는 것을 보증하게 될 것이다. 이러한 관행과 표준은 이슬람 원리와 일치할 뿐만 아니라, 전통적인 일반은행에서 볼 수 있는 것과 동등한 표준에 기반을 두어야 한다."[117]

연설문에서 IFSB의 설립이 이슬람 금융의 감독과 규정에 대한 최고의 국제적 관행과 표준을 담아내는 것이라고 표방하고 있다는 점을 통해서, IFSB의 출현 이전에 다른 강력한 국제 이슬람기관들의 최선의 노력이 있었음에도 불구하고, 그렇게 하지는 못했다는 것을 알 수 있다. 즉 30년 전의 이슬람개발은행(IDB)과 10여 년 전의 이슬람금융기관회계감사기구(AAOIFI)가 있음에도 불구하고,[118] 이슬람 은행에 대한 표준화된 금융규제가 IFSB의 설립 때까지는 매우 부족하였다.[119]

IFSB가 국제금융규제 당국으로서 성공적인지에 관한 논쟁은 기관이 출범할 때부터 있었다. 이슬람개발은행 회

장인 아흐메드 모하메드 알리(Ahmed Mohamed Ali)는 "IFSB의 규제적 표준은 회원국의 금융 주권을 침해할 수 없기 때문에 구속력이 없다"라고 말했다. 그러나 책임성과 투명성에 관한 표준을 제정하는 것이 IFSB의 주요 관심사는 아닌 것 같다. 6년 후(2008년), IFSB의 다른 목적인 "9.11사태의 충격을 흡수하고, 이슬람 금융의 안정성을 강화하는 것"은 대체로 성공적이었다. 이러한 성공은 서구의 은행과 정부가 납득할 만한 통일된 표준체계와는 상관없이 오일 달러의 급격한 증가와 샤리아 금융을 채택하려는 시도 때문에 가능했다.

IFSB 출범 이후, 샤리아 금융의 거대한 성장에도 불구하고, 쿠웨이트 일간지 〈알 까바스(Al-Qabas)〉의 이슬람 은행에 관한 2008년 1월 24일자 기사에는 "샤리아 기준에 대한 범세계적인 표준이 없다"라는 내용이 실려 있다.[120] 괄목할 만한 성장에도 불구하고, 증대하는 수익의 흐름을 부단히 쫓아가는 금융 혹은 정부 기관들 중에 왜 아직도 감독과 규정에 대한 최고의 국제적 관행과 표준이 없는지 그 이유에 대해 관심을 가지는 곳은 거의 없는 것 같다.

2004년 런던에서 개최된 이슬람 금융 서비스 산업과 세계 규제 환경에 대한 IFSB 정상회의에서, 말레이시아 중앙 은행장인 제티 악타르 아지즈(Zeti Akhtar Aziz)는 "규제 요구사항이 샤리아의 명령에 일치해야만 한다는 점은 필수적이다"라고 말하였다.[121] 이것은 샤리아 금융의 존재이유 다시 말해서 샤리아에 표현된 신법(divine law)에의 순종을 반영하고 있다. 만일 샤리아가 이슬람 금융을 제한하는 규제체계라면, 이슬람 금융은 명백히 그 업무를 다른 규제체계 특히 비이슬람적이고, 이자(리바)에 기반을 둔 체계에 굴복하려고 하지 않을 것이다. 또한 아지즈는 다음과 같이 주장하였다.

> "채택된 규제 접근법이 조화가 필요하고 그리고 경쟁적이고 강인한 금융 체제를 위한 공정한 경쟁의 장을 보증할 필요가 있는 것은 바로 이런 체계와 경쟁자들(샤리아 금융과 전통적 금융)의 다양한 상황 내에서이다…IFSB는 국제 금융체계에서 이슬람 금융기관들의 탄력성을 증진시키는 데 기여하고, 국제 이슬람 금융 전망을 개발하는 데 있어서 진보의 기초를 튼튼하게 하는 중요한 촉매를 상징한다."[122]

아지즈가 조화를 보증할 필요가 있다고 말할 때, 그 의미는 무엇이었을까? 어떤 표준과 권위를 따른다는 말인가? 샤리아 금융의 지침에 표현된 것을 가정한다면, 그것은 샤리아에 "적합한"(compliant) 체계를 뜻한다.

9장
이슬람 금융에서 샤리아 전문가의 역할

이슬람회의기구(OIC)에 가입한 사우디아라비아의 제다에 있는 피크흐 아카데미(Fiqh Academy), 유럽 파트와 및 연구위원회(ECFR, European Council for Fatwa and Research), 북미 파트와 위원회(FCNA: Fatwa council of North America)가 금융문제에 대한 파트와를 발표한 주요 기관들이다. 이 기관들은 이슬람 부흥운동단체들인 와하비(Wahhabi), 살라피(Salafi), 무슬림형제단(Muslim Brotherhood) 그리고 데오반디(Deobandi)와 연결되어 있다.

샤리아 금융을 위해서는 서로 보완적인 기술을 가지고 있는 다음과 같은 세 그룹의 전문가들이 필요하다.[123]

1. 금융전문가 그룹: 이들은 전통 금융상품에 숙달되고, 이슬람 상품에 대한 무슬림 공동체의 필요를 알고 있는 자들이다.

2. 이슬람 법학자 그룹: 이들은 모든 가능한 샤리아 제한들을 준수하는 현재의 금융 상품이 기반을 두어야 할 전통적인 샤리아의 절차를 발견할 수 있는 자들이다.

3. 변호사 그룹: 이들은 이슬람 상품들을 정의내리고, 구성하는 것을 도우면서 반면에 이것들과 관련된 국가적 그리고 국제적 법적 요건과 규제 규정들을 준수하는지를 확인하는 자들이다.

샤리아에 전문적인 법학자 그룹이 여러 은행과 금융 기관들에 설치된 샤리아 위원회(shari'a board)의 다수를 차지하고 있다. 그들은 제공된 금융 상품이 샤리아에 적합한지를(Shari'acompliant) 규명한다.[124] 샤리아 학자들은 상품 개발과 상품 승인에 모두 참여한다. 그들이 개발 단계에서 일찍 참여하면 할수록 승인 과정은 더 쉬워질 것이다.[125]

그들 중 다수는 이슬람 교육기관에서도 가르치고 있으며, 세계적인 이슬람 네트워크에 연결된 이슬람 조직 위원회에도 소속되어 있다. 은행가들은 조건이 맞는 샤리아 학자들이 부족하며, 상위의 학자들은 자신들의 활동 (이들은 최대 30개의 다른 기관들의 위원회에 참여하고 있다)에 대해 시간당 만 달러를 요구하고 있기 때문에, 유리한 파트와를 내릴 수 있는 위원들의 가격이 치솟는 것에 대해 불평하고 있다. 깊이 있는 금융 지식, 샤리아 전문 지식 그리고 영어 실력을 모두 갖추고 있는 학자들을 찾는 것이 쉽지 않다. 그래서 대부분의 기관들은 동일한 소수의 인재풀에서 필요한 학자들을 끌어온다.[126]

샤리아 위원회는 이슬람 금융을 운영하는 데 있어 중요한 역할을 한다. 이것은 "이슬람 금융의 본질적인 특징 중 하나"로, 샤리아위원회는 "적법한 통제 기구"(Legitimate Control Body)로 불린다.[127] 이 위원회는 대개 경제행위에 대한 전통적인 사법판결에 전문적 지식을 갖춘 자격 있는 샤리아 학자들 그룹으로 구성되어 있다. 샤리아 위원회는 은행이 채용한 독립된 기구이며, 그들의 견해 즉, 파트와는 그 은행 이사회에서 구속력을 행사한다.[128]

학자들의 다른 견해는 샤리아-우호적인 서비스를 운영하고 있는 전통적인 일반은행에 심각한 도전이 된다. 서구의 금융 기관들은 변경되기 쉽고, 학자들마다 다르게 해석되기 쉬운 이슬람이라고 하는 종교적 표준에 따라 자신들의 결정을 내리는 샤리아위원회에 의해 어느 정도까지 끌려가겠는가? 은행과 금융기관은 이 문제를 다루기 위해서 샤리아 규정을 따르는 회사를 선정하는 다양한 샤리아 목록을 제공하는 방법을 사용하기도 한다. 그러나 영국의 〈아샤르크 알-아우사트(Asharq al-Awsat)〉일간지는 2008년 3월 12일자 기사에서 이런 관행은 많은 주주들을 불안하게 하고 있으며, 혼동을 불러일으키고 있다고 보도했다.[129]

정책 결정에서 셰이크들(sheike, 이슬람교의 장로)의 역할은 체계를 불안정하게 하는 다른 많은 문제들을 만들어낸다. 예를 들어 중동 전 지역의 표준을 세우는 AAOIFI(이슬람금융기관회계감사기구)의 샤리아 금융 학자들은 "걸프 국가의 이슬람 채권 85%가 실제로는 샤리아에 일치하지 않는다고 결론을 내렸다." AAOIFI의 의장인 셰이크 우스마니(Usmani)가 이 판결을 2007년 11월 로이터 통신사에 보고한 이후, 이것은 이슬람 금융계에 커다란 불안요인으로 작용했다.[130]

10장
거래에 대한 샤리아 목록

이슬람은행과 금융거래를 하는 회사들이 샤리아에 적합한지, 독실한 무슬림들이 투자힐 수 있는지 혹은 그 회사의 고객이 될 만한 가치가 있는지를 인증하기 위해 회사들을 분류하는 다양한 목록들이 만들어졌다. 이 목록들은 개별적인 성직자들 혹은 이슬람 금융기관이나 이슬람 상품들을 제공하는 서구 기관들에 의해 만들어진다. 그들은 샤리아에 적합한 은행과 기관들에 대한 두 가지 종류의 목록을 만든다.

한 종류는 완전히 "깨끗하고"(pure), 합법적인(halal, 할랄) 것으로 판단되는 은행과 회사들을 포함한다. 다른 종류는 샤리아에 적합하지만 몇 가지 비합법적인 활동이나 상품들을 취급하는 기관들로서 "오염되었다"(mixed)라고 불려지는 은행과 회사들이다. 주식을 매매하는 조항에 대해 전문가들 사이에 논쟁이 항상 있어왔는데, 어떤 이는 1%의 이자에 기반을 둔 거래를 했던 회사에 투자하는 것이 허용될 수 있다고 주장하는 반면에 어떤 이는 완전히 금지해야 한다고 말한다. 합법적이지 않는 주식의 상한선을 규정하는 부분에 있어서도 논란이 있는데, 어떤 사람들은 전체 자산의 25%를 또 다른 사람들은 33%를 상한선으로 규정해야 한다고 말한다. 정해진 표준은 파트와 위원회와 기관들마다 다르다. 목록들이 다양하기 때문에 혼란에 빠진 무슬림들을 위한 일반적인 지침은 "그들이 가장 신뢰하는 샤리아 전문가를 따르라"는 것이다. 그들은 "독실하고 학식이 있으며, 변덕이나 맹목적인 극단주의에 의해 움직이지 않는 자들이다."[131]

다소 혼란스럽기는 하지만 이런 경향이 함축하는 것은 모든 이자를 금지하려는 이슬람 운동의 궁극적인 목적을 반영하는 것이라고 할 수 있다. 하지만 이것은 단지 부패나 샤리아 금융의 내적인 약점을 반영해주고 있을 뿐이다. 그것의 결과는 혼란뿐만 아니라, 더 많은 기금을 끌어 모으는 것에 관심이 있는 금융기관에 의한 조작, 뇌물 수

수, 갈취이다.

이러한 샤리아, 반(牛)샤리아의 목록들과 전통 은행에 연관된 기관들과 자본의 "정화"(purification)에 대한 요구들이 점차적으로 샤리아에 적합한 창구를 가진 세계의 여러 은행들에 압력을 가했다. 결국 그 은행들은 그것들을 수용하였고, 완전히 샤리아를 따라가게 되었다. 동시에 기록적인 수익을 가져다 준 오일 달러로 인해 금융시장에서 샤리아 금융의 주식이 차지하는 비중이 커져갈수록 비무슬림들은 이익을 취하기 위해 더 많이 몰려들고 있다.

반면에 어떤 이들은 샤리아에 적합한 금융이 더 윤리적이고 공정하며 안정적이라는 마케팅에 관심을 보일 것이다. HSBC가 작년에 말레이시아에서 이슬람식 은행관행을 충족시키기 위해 만들어낸 담보 융자를 고객들에게 제공하기 시작했을 때, 고객의 절반 이상이 비무슬림이었다는 것은 놀라운 일이다.[132] 이슬람식 창구가 개설된 목적은 전통적인 일반금융을 이슬람식 경제로 정화하는 것이었지만, 무슬림들의 예금을 포함하여 비무슬림들의 자금도 끌어들이기 시작한 것이다. 이것은 전 세계 경제를 샤리아 금융을 통해서 지배하려는 진일보한 단계를 보여주고 있다.

11장
샤리아 추종의 영향

많은 전통적인 일반은행들과 정부들은 샤리아 금융이 기초하고 있는 종교적인 사상이 얼마 지나지 않아 관계가 거의 없어지거나, 타당성을 전혀 찾을 수 없는 것이었다는 점이 자연스럽게 드러날 것이라고 과소평가하였다. 그래서 그들은 일반금융과 본질적으로 차이가 없고, "기능적으로 동등한"(functionally equivalent) 샤리아 금융상품을 통해서 엄청난 수익을 올릴 수 있을 것이라고 판단했다.133) 그러나 무슬림들이 가지고 있는 종교적인 사상에

서 신적인 명령은 샤리아 금융의 핵심이며, 최종 결정권
이다.

서구에 사는 무슬림들을 포함해서 학자와 모든 평범한 무슬림들은 어떤 결정에 있어서, 다른 어떠한 것들에 대해서도 인정하지 않고, 샤리아의 명령을 고수하려고 한다.

샤리아가 정책결정에 영향을 준다는 사실은 2004년 영국이슬람은행(Islamic Bank of Britain)의 인증과 관련하여 발생한 사례를 통해서 분명히 알 수 있다. 영국의 금융감독청(FSA)에 따르면 "예금"(deposit)의 정의를 두고서 발생한 주요 문제가 보고되고 있다.

영국에서 예금은 "요구에 의해서 혹은 양쪽의 동의가 있는 상황에서 지급된다는 조건에서 지불되는 돈의 총액"으로 정의된다. 예금에 대한 이러한 정의는 매우 중요하다. 왜냐하면 고객의 예금을 가진 기관이 통제될 수 있고, 고객은 은행이 지불능력이 있는 한 전액이 지불되어야만 한다는 것을 확신할 수 있게 되기 때문이다. 그런데 IBB가 "예금"으로 제안한 저축계좌는 손익공유계좌(profit-and-loss sharing account) 혹은 무다라바(Mudharaba, 금융기관이 사업자의 프로젝트에 출자하고, 배당금을 수취하는 이슬람 신탁금

융-역자 주)로 이것은 샤리아가 고객에게 원금손실의 위험을 받아들일 것을 요구하고 있다.(저자 강조추가) 이것은 영국 금융감독청(FSA)이 "예금"에 대해 자금의 확실성 보장이라고 합법적으로 정의한 것과 일치하지 않는다.

광범위한 토론을 거친 후, IBB는 영국금융감독청의 요구에 따라 "고객은 예금에 대해 합법적으로 완전히 지불받을 권리를 가지지만, 종교적 이유로 예금 보호를 거절하고 샤리아에 적합한 위험공유와 손실분담의 형태로 지급되는 예금방식을 선택할 권리가 있다"라는 해결책을 채택하였다.[134]

예금이 그들의 유일한 생계일지도 모르는 신실한 무슬림들과 기금을 통해 하루하루의 삶을 이어가는 무슬림들에게 그들의 결정이 어떠한 의미를 지니는지는 확실하다.[135]

말라야 대학의 모하메드 아리프(Mohammed Ariff)는 무슬림들이 이자제도를 거부하는데 있어, 어떠한 증거도 필요치 않다고 결론 내린다. 무슬림들은 인간 이성의 한계를 깨닫고 있기 때문에, 알라의 명령에 대한 어떠한 인간적인 설명도 필요하지 않다. 어떠한 인간 이성도 알라의 명령을 간파할 수 없다. 결국 이것은 믿음의 문제이다.[136]

이것은 무슬림들에게만 해당하는 경우일지도 모른다. 하지만 왜 서구의 비무슬림 금융전문가와 정부의 전문가들이 샤리아 금융의 지시를 맹목적으로 따라가는 것인가?

이슬람 학자들과 지도자들은 오로지 샤리아에 기반을 두고 자신들만이 통제할 수 있는 거대한 금융 체제를 세우기 위해 독실한 무슬림들과 서구 금융기관들 양쪽의 힘을 전략적으로 활용하고 있다. 이러한 전략은 전 무슬림들을 서구 금융체계나 샤리아에 기반을 두지 않은 체계로부터 격리시키는 효과를 가져왔다. 그들은 이 체계들을 전복시키고, 궁극적으로 이슬람의 통치로 종속시키기 위해 활동하고 있는 것이다.

12장
결론

이슬람 주의자들은 무슬림과 비무슬림 사이에 적의를 심고, 세계 정복을 향한 자신들의 욕망에 당위성을 부여한다. 그리고 둘 사이를 분리시키려는 자신들의 목적을 이루어내기 위해 국제이슬람 경제를 창출하는 데 성공하였다. 그러나 그들의 목적과는 반대로 신흥 이슬람 경제가 시장경제에 의해 움직여지고, 서구가 주도하는 국제경제에 일부 통합되는 경향도 나타나고 있다.

샤리아 금융은 서구의 금융상품과 유사한 상품들을 내놓고 있다. 다시 말해서 단지 외관상으로만 이슬람의 옷을 입히고, 서구 금융이 수용할 만한 금융상품들을 만들어내는 것이다. 국제금융에서 아직 대규모는 아니지만, 몇 몇 논평가들이 이슬람 금융의 진행을 억제하고, 제한하는 다양한 요소들을 강조하기 시작하였다. 이슬람 금융을 지켜보는 다른 사람들은 적절한 시기가 되면, 고객들이 이슬람 상품들이 단지 서구 금융의 모사품이라는 사실을 깨닫게 될 것이라고 믿고 있다.

하지만 이슬람 금융은 최근 괄목할 만한 성장을 거듭하고 있고, 최근 글로벌 금융위기라는 전 세계적 경제상황이 이슬람 금융의 지속적인 성장을 돕게 될 것이다. 그리고 달러, 유로화, 파운드와 경쟁하기 위해 이슬람 화폐의 압력이 증가하게 될 것이다. 무슬림들이 이슬람 금융을 이용해야 할 의무감을 느끼는 한, 그것이 번영하리라는 전망은 낙관적이다.

만일 샤리아 금융이 계속해서 발전한다면, 다음의 세 가지 환경에서 가능할 것이다. 첫 번째 환경은 국제 금융권이다. 이곳에서 샤리아 금융의 존재는 이미 너무나 확실해졌다. 두 번째 환경은 이슬람 국가이다. 이슬람 국가들이 샤리아 금융기관에 지원을 확대하고 있다(부록2 참조).

세 번째 환경은 비무슬림 국가에 있는 무슬림들이다. 세 번째 환경을 살펴보면, 영국은 서구에 있는 샤리아 금융의 중심지가 되기를 열망하고 있으며, 이슬람 자산의 가치는 이미 세계의 상위 10위 안에 들어 있다. 이슬람 투자 은행들의 수가 5년 내에 두 배 이상으로 증가할 것으로 예상되며, 2008년 8월에 첫 번째 "샤리아-적격" 마스터카드가 출시되었다.[137] 이슬람 담보 융자를 이용하는 사람들의 약 2%가 비무슬림이라고 추정된다. 이들은 이슬람 금융 기금이 도박, 마약, 알코올, 포르노와 같은 산업에 투자하지 않는 윤리적인 금융이라고 생각하기 때문에 그것을 선택한다.

비록 샤리아 금융과 은행이 평범한 무슬림들을 샤리아에 적합한 방식으로 관리되도록 돕는 해가 되지 않는 방식을 가진 것처럼 보이지만, 그것들은 주로 이슬람의 세계 지배를 위해 전력투구하는 급진적 이슬람 운동 국제 네트워크에 의해 전략적으로 고안된 것들이다. 그들의 목표는 전 세계를 샤리아로 통치하는 이슬람 국가를 건설하는 것이다. 이슬람 은행과 금융은 단지 이러한 목표를 달성하기 위해 사용하는 다양한 도구들 중 하나일 뿐이다. 그것은 경제 지하드, 더 포괄적인 맥락에서 보자면 문화 지하드에 통합된 핵심적인 지하드이다.

오일 달러를 끌어오기 위해 많은 일반은행들이 이 운동에 담긴 장기적인 의미를 무시하고, 단기간의 이익을 노리고서 샤리아에 적합한 금융 창구들을 개설하였다. 반면에 이슬람 운동가들은 세계 금융의 지배와 통제를 위한 압력을 강화하였다. 양쪽의 이러한 활발한 활동들이 현재 영국과 유럽의 많은 나라들을 통해서 명백하게 볼 수 있는 것처럼, 서구 사회를 급속도로 이슬람화시키고 있다.

이와 같은 진행되는 과정에 대해 정부와 여러 당국들은 신속하고도, 지속적인 관심을 기울여야만 한다. 이 책에서 모든 상세한 충고들을 다 할 수는 없지만, 최소한 서구 정부들이 샤리아 금융을 내적 혹은 표면적으로 지원하는 것에 대해서는 더욱 신중한 자세를 취하는 것이 현명하다고 제안하는 바이다. 적어도 그 취약점과 특히 신뢰성이 부족하다는 것을 깨닫는 정도까지라도 말이다.

공적인 영역에서 종교의 적절한 역할에 대한 격렬한 논쟁이 있을 때, 종교에 기초한 샤리아 금융이 경제정책에 대해 부적절한 영향력을 행사할 수 있다는 점이 인식되어야 한다. 정치, 경제, 금융기관들은 그들 자신의 체계를 위협하는 가능한 한 모든 위협을 알아채서, 그것이 영향력을 발휘하기 전에 필요한 점검을 하고, 균형 잡힌 정책들을 제공할 수 있을 만큼 현명해야 한다. 결론적으로 이슬람식 관행과 상품들에 대해, 국제적으로 받아들여질 수 있는 엄격한 규제 장치들을 제공하는 것이 최우선 과제가 되어야 한다.

부록

1. 샤리아 금융 상품들

2. 이슬람 국가의 샤리아 금융

3. 서구의 이슬람 경제: 다루라(Darura) 조작

4. 비이슬람 국가의 샤리아 금융

5. 샤리아

6. '수쿠크 규제를 위한 입법체계 자문결과보고서'에 관한 CCFON과 CLC의 입장

부록 1
샤리아 금융 상품들

　이슬람 금융은 자산에 투자할 뿐만 아니라, 변동 이윤에 따른 수익-공유(profit-sharing with variable returns)와 공유된 위험부담 감수와 같이 이자체계에 대한 대안적 체계로 운영된다. 알코올, 돼지고기, 도박, 포르노 같은 산업은 투자목록에서 제외된다.[138]

　이슬람 학자들은 다양한 금융상품들의 샤리아 적합여부를 판단할 준거들을 개발해 왔다. 대부분의 학자들은 보험을 도박과 같은 종류로 보기 때문에 그것은 특별한 문제를 야기시킨다. 그들은 보험의 대안적 체계인 타카풀(takaful, 이슬람 보험)을 제시했는데, 보험 계약자들은 자본을 공동으로 출자한 기부자들로 간주되고, 손실이 발생할 경우, 그것을 분담하게 된다.139)

이슬람 은행의 주요 원리는 다음과 같다.

1. 이자를 주고받는 것은 금지된다. 공유된 수익이 이자를 대신한다.
2. 돈으로 돈을 거래할 수 없다.
3. 돈은 이익을 얻고 팔릴 수 있는 상품과 서비스를 구입하기 위해 사용될 수 있다.
4. 돈은 샤리아에 적합한 윤리 산업에 투자되어야 한다.(도박, 돼지고기, 알코올 금지, 할랄(halal, 허용된 것)식품, 기타 등등)

개발된 주요 금융 상품은 다음과 같다.

1. 무라바하(Murabaha)- 판매자의 가격에 동의된 가산율(markup)을 얹은 가격으로 매매
2. 이자라(Ijara)- 명시된 임대와 조건에 대한 임대차계약(leasing contract)
3. 우수프룩트(Usufruct)- 다른 사람의 소유인 재산에서 나온 수익이나 이윤을 사용하고 끌어내는 합법적 권리

4. 무다라바(Mudaraba)― 수익을 공유하는 파트너십 계약으로 배당은 투자의 비율에 따라 이익 분배로 계산된다.
5. 무샤라카(Musharaka)― 합작투자(joint venture) 즉, 이슬람 참여 증권이나 채권(수크크)을 발행함으로써 은행과 고객이 프로젝트에 공동으로 자금을 출자하는 지분 참여 계약의 형식
6. 바이 알―살람(Bay' al-Salam)― 미래에 있을 상품 인도에 대한 선지급
7. 바이 알-사르프(Bay' al-Sarf)― 돈과 돈의 교환에 대한 규칙
8. 바이 무아잘(Bay' Mu'ajjal)― 후지급 (deferred-payment) 매매
9. 이스티스나아(Istisna'a)― 미래에 있을 주문받아 만든 상품 인도에 대한 선지급
10. 바이 비사민 아질(Bay' Bithamin 'Ajil(BBA))― 구입하겠다고 고객이 자금 공급자에게 하는 약속
11. 타카풀(Takaful)― 궁핍한 자에게 도움을 주기 위해 공동 출자된 재원(pooling resource)에 기반을 둔 이슬람 보험
12. 와디아(Wadi'a)― 기금 보호, 이자 없는 당좌 계정과 저축 계좌 (은행은 임의의 보너스를 지급할지도 모른다)
13. 까르드 하산(Qard hasan)― 공제 대출(benevolent loan), 즉 "빈곤자"에게 주어지는 이자 없는 대출
14. 조알라(Joala)― 수수료에 기반을 둔 상거래
15. 타와루끄(Tawarruq)― 삼자 계약(three-party contract)을 사용한 대출

부록 2
이슬람 국가의 샤리아 금융

　1970년대, 중동에는 이슬람 은행들이 몇 개밖에 없었다. 이 은행들에는 두바이 이슬람은행(Dubai Islamic Bank, 1975), 수단의 파이살 이슬람은행(Faisal Islamic Bank, 1977), 이집트의 파이살 이슬람은행(1977), 바레인 이슬람은행(Bahrain Islamic Bank, 1979) 등이 포함된다. 필리핀에서는 1973년 대통령령에 의거, 무슬림 공동체가 이용할 수 있는 은행의 필요를 충족시켜 주기 위한 전문 은행 기관으로 필리핀 아마나은행(Philippine Amanah Bank)이 설립되었다. 이 은행의 최우선 과제는 필리핀 남

부 이슬람지역의 회복과 재건을 돕는 것이었다.140)

이 운동의 핵심에는 알-바라카(Al-Baraka)와 다르 알-말 알-이슬라미(Dar al-Mal al-Islami)라고 하는 두 개의 국제 단체가 있다. 후자는 사우디아라비아의 파이살(Faisal) 국왕의 아들인 무함마드 알-파이살(Muhammad al-Faisal) 왕자가 감독하는 지주회사(holding company)이다.141)

서구의 거대한 다국적 기업들은 부유한 걸프 연안 국가 고객들의 예금 계좌를 취급할 수 있는 이슬람 창구를 개설하였다. 시티은행, 홍콩-상하이 은행(HSBS), 파리국립은행(Banque Nationale de Paris), 스위스연방은행(UBS) 등이 여기에 속한다.

국가 규제당국이 직면한 문제는 이슬람 은행을 고정된 이자율을 통해서 거래하는 전통적인 일반은행과 동일한 유동자산과 예금지급준비금(reserve requirement)에 순응하도록 만드는 것이 어렵다는 점이다.142)

흥미로운 것은 대부분의 아랍권 정부들이 처음에는 샤리아 금융에 반대하고, 수용하지 않았다는 점이다.143) 샤리아 금융은 이슬람주의자들이 권력과 영향력을 얻게 되었을 때 그리고 이슬람의 발전이 크게 진행되었을 때 새로운 산업으로 뿌리를 내리게 되었다. 리비아와 모로코 같은 나라에서 이슬람 은행은 이슬람 정당과 연결되어 있다는 의혹이 있었기 때문에 은행업 허가가 받아들여지지 않았다. 이집트, 알제리, 튀니지 정부는 샤리아 금융에 접근하는 데 있어 매우 신중하였다.[144]

티무르 쿠란(Timur Kuran)에 따르면, 정부가 주도하는 경제적 이슬람화는 수단, 파키스탄, 이란에서 모두 실패하였다. 이슬람주의자들은 이러한 실패의 원인을 그들을 타락시키는 서구의 영향력 탓으로 돌려 이슬람 내의 폭력 집단을 동원하여 모든 악의 근원을 제거할 것을 요구하도록 촉발시켰다.[145]

이란[146]

이란은 1983년 8월에 3년 동안의 과도기를 명문화하면서, 1983년 무이자 은행법(Interest-Free Banking Law)에 맞는 이슬람 은행을 강요하였다. 이 법은 1984년 3월에 시행되었고, 은행들에게 18개월을 주면서 이슬람 은행 방식으로 완전히 전향토록 하였다.

무이자 은행법은 은행이 까르드 하산(qard hasan) 유형의 대출(자선 대출)을 위해 그들이 가진 재원의 일정 부분을 따로 떼어놓아야 한다라고 명시하고 있다. 그리고 이자는 없지만, 은행이 그것을 양도하는 것과 관련된 비용을 되찾는 것은 허용된다. 보편적으로 기관에게는 1.5%, 개인에게는 1%의 수수료를 받는다. 최대 보유 기간은 보통 기관은 5년, 개인은 3년이다.

이란의 체계는 은행이 모든 종류의 당좌나 예금 계좌의 고정 수익 지불을 금하고 있다. 그러나 은행이 이 계좌에 대해 상금이나 보너스와 같은 방식으로 현금이나 그에 준하는 장려금을 제공하는 것은 허용된다. 은행 수수료가 철회되고, 특별한 서비스가 제공될 수도 있다. 또한 1983년 법은 장기 투자예금의 보상에 대해서도 애매하다. 은행법 20조에 의하면, 예금주에게 배당할 최대치와 최소치의 수익을 고정할 권한은 중앙은행에 있다.

이 법은 금융 상품의 10가지 형식을 구체화시키고 있다. 이란의 중앙은행은 특정 금융형태에 적합한 거래방식을 명시하고 있다. 예를 들어 부금매매(instalment sale)와 까르드 하산(자선 대출)은 소비자 금융에 적절하고, 무다라바(mudaraba), 무샤라카(musharaka), 조알라(joala)는 기업 금융에 적합하다. 장·단기 정기예금은 모두 은행의 이윤과 예금 만기에 기반을 둔 수익을 얻게 된다.

2001년 이란에 두 개의 민간 이슬람 은행이 문을 열었고, 2002년 테헤란에 두바이 이슬람은행 사무실이 개소했다.[147]

아흐마디네자드(Ahmadinejad) 정부와 중앙은행의 최근의 동향으로 인해 이란 은행들은 몇 가지 염려를 하게 되었다. 새로운 중앙은행장인 타흐마스브 마저리(Tahmasb Mazheri)는 대출에 의한 모든 이윤을 없애야 한다는 계획을 제창하였다.

아흐마디네자드 대통령은 은행가들에게 수입이 적은 사람들을 대상으로 저렴한 대출을 제공하고, 그들의 수익률을 물가 상승률 밑으로 대폭 삭감할 것을 요청했다. 높은 물가 상승률에 큰 타격을 입은 경제 상황에서 이것은 은행이 막대한 손실을 초래하고, 예금주는 그들의 돈을 은행에 예치하는 것을 꺼려한다는 점을 의미한다. 비평가들이 주시하였듯이, 은행이 가난한 자에게 보조금을 지급하는 것을 기대해서는 안 된다. 이것은 정부의 의무이다.[148]

이란의 샤리아 금융의 부패 문제

여러 은행 기관의 투명성이 부족함에 따라, 1980~90년대 몇 건의 심각한 부패와 사기 사건이 발생하였다. 이에 이란 국회의 경제위원회는 2002년에 부패한 관행, 돈세탁 범죄와 싸우기 위한 입법 초안을 만들었다.[149]

보도에 따르면 보니아즈(bonyads)로 알려진 이슬람 재단들은 이란 GDP(1,115억 달러)의 10~20%에 달한다.[150] 그들은 세금과 수입관세 그리고 정부 규제에서 면제받고, 공식적으로 이란 최고 성직자의 감독 아래 있다. 실상 그들은 "오직 알라에게만" 응답하고 "자신들이 곧 법이다."[151] 자선기금은 "물라(mullah, 이슬람 성직자)와 그 측근들의 비자금으로 사용된다"라고 경제전문지 〈포브스(Forbes)〉는 보도하고 있다.[152] 이 잡지는 계속해서 말한다.

많은 보니아즈들은 기업가들에게서 돈을 갈취하는 공갈 협박자처럼 보인다. 대규모 국립 보니아즈 외에도 거의 모든 이란의 마을에는 현지 이슬람 성직자(mullah)와 특별 관계를 맺은 자체의 보니아즈가 있다. 익명을 요구한 한 반체제 경제학자는 "많은 중소 기업인들은 돈을 조금 벌기만 하면 찾아와 기부하라고 요구하는 지역 물라에 대해 불만이 많다"라며 이렇게 덧붙였다. "거절할 경우 선한 무슬림이 아니라는 비난을 받게 된다. 증인 몇 몇이 나타나 선지자 무함마드를 모욕하는 말까지 들었다고 주장한다. 결국 철창신세를 지게 되는 것이다."[153]

최근에 이란을 방문한 사람의 보고에는 "이곳에서 관료정치의 부실 경영과 부패는 보편적이다. 미국 사업가에게 이것은 반미정서라고 알려진 것보다 더 큰 장애물이다"154)라고 결론짓고 있다.

파키스탄155)

잘 알려진 파키스탄 개혁가이자, 학자인 파즐루 라흐만(Fazlur Rahman)은 이자와 고리대금을 구별하는 데 있어 이집트 학자들과 유사한 입장을 취하였다.156) 하지만 파키스탄의 강력한 이슬람 운동은 무이자 체제를 요구하였고, 지아(Zia) 대통령의 이슬람 운동 기간(1977~1988)에 진척이 있었다.

1979년부터, 금융기관들은 그들의 운영을 이슬람화하라고 점진적으로 요구받았다.157) 파키스탄에서 이슬람 은행으로 전향하는 것은 이슬람사상위원회(CII, Council for Islamic Ideology)가 행한 연구에 기반을 두고 있다. 이 위원회는 금융체계 개발의 기초를 놓아야만 하는 중대한 책임을 가지고 있었다.

이슬람사상위원회는 관련기관을 적절하게 조정하지 않거나 충분한 지원을 받을 수 있는 환경에서 지금까지의 손익 체계(profit and loss system)를 이슬람적인 손익 체계로 완전히 전향할 때 발생할 수 있는 어려움을 인식하고 있었기 때문에 이자 제거를 위한 3개년 계획을 제안하였다.

은행운영에 필요한 이자나, 한 금융기관에서 다른 금융기관의 거래에서 발생하는 이자는 제거되어야만 했다. 이 일이 진행되는 동안 모든 국립은행들은 전통적인 일반계좌와 함께 손익 예금계좌가 함께 유지되는 병행 체제를 유지해야 했다.

이슬람의 손익 계좌는 1981년 전통 계좌와 병행하여 도입되었고, 은행들은 그것들을 분리하여 배치할 것을 요구받았다. 1985년에는 두 번째 단계가 시작되었다. 은행 체계는 외국화폐 계좌, 외국대출, 정부부채를 제외한 모든 거래를 무이자에 기초하여 운영될 수 있도록 구성되었다. 이슬람과 전통적인 일반은행의 병행 체제가 끝나고 새로운 예금은 무이자에 기반을 두고 개설되었고, 모든 금융업은 이슬람이 허용하는 상품들의 범위 안에서 이루어졌다.

파키스탄의 중앙은행인 국가은행 내의 은행통제부(Banking Control Department of the State Bank)는 파키

스탄에서 샤리아 금융이 추진되도록 관리할 책임이 있다. 1980년대 초기에 이 부서는 어떤 목적에 어떤 유형의 금융이 사용되며, 수수료는 어느 규모로 지불되어야 하는지를 상세하게 규정한 일련의 회보를 발행하였다.

1992년에 샤리아 법정은 몇 개의 중요한 예외 사항을 제거하였다.[158] 이슬람 경제를 위한 운동을 중지하기 위한 한 가지 시도로서 무샤라프(Musharraf) 정부는 2002년 대법원에 무이자 은행업에 대한 문제와 그것을 시행하는 데 있어 샤리아 법정의 권력을 재고할 것을 요청하였다. 정부는 샤리아가 금하는 것이 대출의 착취적인 면이 아니라고 주장하였다. 그리고 꾸란에서 리바의 올바른 해석은 이자가 아니라, 고리대금이라고 말하였다.[159]

그러나 이슬람 금융상품에 대한 요구가 증가하는 것에 직면하여, 파키스탄 중앙은행은 2003년에 이슬람 은행부서를 설립하였다. 이 부서의 임무는 파키스탄에서 이슬람 은행이 금융 서비스 공급자와 고객들이 최우선적으로 선택하는 은행이 되도록 발전시키는 것이다.[160]

이들은 샤리아 위원회를 두고, 5명의 위원들을 임명하였다. 그리고 인터넷으로 확인 가능한 이슬람 은행 계약 양식목록을 올려놓았다. 2004년까지 4개의 이슬람 은행이 설립되었고, 준비 중인 2개의 은행을 포함하면 6개의 이슬람 은행이 있고, 15개의 전통적인 일반은행이 이슬람 지부를 두었다.[161] 2007년까지 이슬람식으로만 운영되는 6개의 이슬람은행이 있었는데, 총자산이 26억 달러로 이것은 성장에도 불구하고 시장점유율이 단지 3.4%에 불과하다는 의미이다.[162]

걸프 연안국에 있는 이슬람 은행으로부터 더 많은 투자를 유치하기 위해서 파키스탄 중앙은행은 2007년 1월, 처음으로 이슬람 재무성 증권을 시작할 것이라고 발표하였다.[163] 현재, 중동 이슬람 투자자들은 파키스탄 시장에 큰 관심을 보이고 있다.[164]

수단[165]

수단은 이란, 파키스탄에 이어 정부령에 의해 은행의 전체적인 체계가 샤리아 금융으로 전향한 세 번째 국가이다.

이슬람 은행의 개념은 수단의 파이살 은행설립과 함께 처음으로 도입되었고, 다른 이슬람 은행들이 뒤따라 세워졌다.

수단에서 샤리아 금융은 1983년에 시행되었다. 여기에는 은행의 모든 활동이 샤리아 규정에 일치하도록 변경되어야만 한다는 요구가 포함되어 있다. 1984년에는 은행을 샤리아에 기반하여 운영하라는 대통령령에 의거해 은행의 전체체계가 바뀌게 되었다.

1985부터 89년까지 정부가 이양되는 시기가 있었기 때문에, 은행 체계를 샤리아에 일치하도록 만드는 과정은 몇 차례 중단되었다. 1990년에야 비로소 중앙은행은 은행들을 완전히 이슬람식으로 운영하게 되었다. 모든 금융거래는 수익 공유(profit-sharing)와 무(無)확정 수익률(no fixed rate of return)에 따라서 만들어진 이슬람식 금융상품을 통해서 이루어져야만 한다. 은행 대출에 대한 효과적인 수익률은 추정될 뿐 미리 확정되지 않는다. 부채 항목에서 은행은 정기예금을 예금자의 수익이 수익 공유의 원리에 의해 확정되는 투자 예금으로 대체하는 것이 필요해지게 되었다.

1992년에 시행된 금융기관 및 은행 조례(the Financial Institutions and Bank Act, 1991)는 이슬람 은행 원리를 회피하는 은행에 대해 무거운 행정적, 재정적 처벌을 확립하였다.

말레이시아[166]

말레이시아는 이슬람주의자들의 이슬람 형식보다 전통적인 형식이 우세하다. 그럼에도 불구하고 경제체계에 있어서는 리바에 대한 엄격한 해석을 선택하고, 이슬람 금융시장을 개발하는 데 발 벗고 나서고 있다. 1995년에 샤리아 자문위원회(SAC)는 리바에 기반을 둔 회사의 유가증권은 이슬람에서는 허용되지 않으며, 만약 그렇게 하는 회사는 샤리아에 적합한 회사 목록에서 제외된다고 결정하였다.[167]

말레이시아에서 이슬람 은행들은 공식적으로 매우 강력한 후원을 받았다.[168] 그 결과로 말레이시아는 샤리아 금융의 중심지로 자리 잡았고, 샤리아 금융이 가장 빠르게 성장하는 시장 중의 하나로 발전하게 되었다. 그것은 보수적인 파키스탄과 아랍 모델보다 훨씬 더 혁신적인 것이었다.[169] 말레이시아에는 이슬람권 금융서비스위원회(IFSB, Islamic Financial Services Board)의 본부가 있다. 이 위원회는 국제결제은행(Bank for International Settlement)과 밀접하게 움직이는 은행 규정과 감독의 책임이 있는 무슬림 은행가들의 국제조직이다.

이슬람 투자는 2005년 말레이시아 은행 총자산의 11%

에 달한다. 재무부 장관은 샤리아 금융이 2007년까지 은행 총자산의 15%, 2010년까지는 20%까지 성장할 것이라고 예측하였다.[170] 말레이시아 중앙은행은 이슬람 예금이 2010년까지 전체 은행 예금의 10%에 도달하기를 희망하고 있다.[171]

말레이시아의 이슬람 은행법은 1983년에 통과되었는데, 거기에는 이슬람 은행 관행에 대한 규제체제(regulatory framework)가 명시되어 있다. 일 년 뒤에 타카풀(Takafol, 이슬람 보험) 법이 나와서 이슬람 보험회사의 운영에 대하여 규정하였다.

새로운 이슬람 금융 규정의 도입은 존재하고 있는 전통 은행의 활동을 제한하는 데 목적이 있는 것이 아니라, BIMB(Bank Islam Malaysia Berhad)와 같은 새로운 이슬람 기관이 운영할 수 있는 체계를 제공하는 데 목적이 있다. 이 은행은 1983년에 세워져서 2006년까지 말레이시아의 요구불예금과 저축예금의 2%를 유통하였다. 또 다른 배타적인 이슬람 은행은 무아말랏 은행(Bank Muamalat) 이다.

이슬람 은행이 단기자금에 접근하는 문제는 1983년에 새로운 투자법을 통과시킴으로써 해결되었다. 정부는 이

법에 따라 이자 대신에 배당금을 지불하는 단기증권 발행에 착수하였다.

2001년 은행 보안이 뚫려 고객 기밀이 새어나가지 않도록 대비하기 위해 새로운 반(反)돈세탁법이 제정되었다. 그러나 처벌은 상대적으로 관대하였다.[172]

다양한 이슬람 금융 상품들은 말레이시아 네가라 은행(Bank Negara Malaysia, 말레이시아 중앙은행)에 의해 도입되었다. 1994년 이 은행은 이슬람 은행을 위해 개별적인 은행 간 수표결제시스템을 만들었다. 결제과정과 그 규정은 무다라바(mudaraba) 원리에 기반을 두고 있다.

네가라 은행은 2001년 아랍-말레이시아 은행 그룹의 본부로 이슬람은행센터(Islamic Banking Center) 설립을 인준하였다. 목적은 말레이시아를 샤리아 금융의 중심지로 강화시킴으로써 이슬람 금융시장을 활성화하고, 걸프 지역과 말레이시아 간에 협력을 긴밀하게 하는 것이다.[173] 개인과 정부가 인준한 프로젝트에 투자하고 대출하기 위해 양쪽 지역에 있는 은행들은 재화를 서로 양도하고, 빌려줄 것이다.

말레이시아의 이슬람 시장은 성장하고 있고, 현재 23개

이상의 은행과 금융기관이 이슬람식 은행의 거래체계를 제공하고 있다. 여기에 기여하는 요소로는 통화 당국의 격려, 지원, 신상품을 기획하는 금융엔지니어링의 창의성 등을 들 수 있다. 말레이시아는 전통 은행과 이슬람 은행이 공존하는 이중 은행체계를 추구하고 있다. 이것은 만일 어떤 조건과 상황이 충족되면 모든 은행이 이슬람 은행업을 실행하는 것을 허용한다는 것을 의미한다. 첫째는 모(母)은행에 무이자 은행 업무를 개설하는 것이고, 둘째는 무이자 은행기금을 조성하고 유지하는 조건이다.

말레이시아의 이슬람 은행운영은 이웃 국가에도 영향을 끼쳤다. 인도네시아는 1992년에 첫 번째 이슬람 은행인 무아말랏 은행(Bank Muamalat)을 세웠고, 브루나이는 1993년에 첫 번째 이슬람 은행을 설립하였다.

사우디아라비아

놀랍게도 사우디아라비아는 이슬람 은행을 허용한 마지막 국가들 중 하나이다. 사우디아라비아 통화청은 표준화되지 않은 이슬람식 은행관행을 도입하는 것을 꺼려했다.[174] 1975년 이슬람회의기구(OIC)의 찬조를 받으면서 이슬람개발은행(IDB)이 국제금융 조력 기관으로서 제다에 설립되었다. 여기에 사우디아라비아(25%), 쿠웨이트(12%),

리비아(16%), 터키(8%) 등이 크게 기부하였다.

   2004년 이래 사우디아라비아에서 이슬람 은행은 공식적으로 강한 지원을 받아 왔으며, 모든 종류의 이슬람 금융상품들이 제공되고 있다. 2005년까지 사우디아라비아에 있는 은행 자산의 30% 이상이 샤리아에 적합한 것으로 분류되었다.[175] 이슬람 알라지히 은행 및 투자기업(Al-Rajihi Banking & Investment Corporation)은 시장의 10% 이상을 점유했다.[176]

   2005년, 사우디아라비아에 있는 이슬람 은행들은 엄청난 수익을 기록했다.[177] 2006년에 고가의 석유화학제품을 위해 페트로-라빅(Petro-Rabigh) 회사가 58억 달러에 이르는 막대한 재정을 들인 프로젝트에는 6억 달러에 해당하는 이슬람 금융이 포함되었다.[178]

   2008년 1월 22일 알-아스와크(Al-Aswaq)의 웹사이트에 기사가 올라왔다. 그 내용은 2007년까지 사우디아라비아에 완전히 이슬람식으로 운영되는 3개의 은행이 설립되었고, 다른 8개의 은행들에서 샤리아에 적합한 계좌를 통해, 특히 개인적인 은행거래가 이러한 방식으로 매일 높은 비율로 이루어지고 있다는 것이다. 또 다른 3개의 은행(알라히리 알사우디〈Alahli Alsaudi〉, 사브〈Sab〉, 알-리야드〈Al-

Riyadh))에서는 거래의 70%가 샤리아 금융을 통해서 이루어지고 있다.

투자기금을 취급하는 다른 금융 기관들의 경우는 거래의 약 90%가 샤리아 금융 규정을 따르고 있다. 샤리아 금융전문가인 무함마드 알 오사이미(Muhammad al-Osaimi) 박사는 사우디 정권은 중앙은행의 "통화청"(monetary agency)을 포함하여, 국가의 모든 금융 분야를 이슬람화 시킬 새로운 금융 체계를 제정하려 한다고 밝히고 있다.179)

걸프 연안 국가

걸프만협력회의(GCC, Gulf Corporation Council)는 방대한 영역에 걸쳐 영향력을 가지고 있는 전통적인 일반은행과 경쟁할 수 있는 활동적인 이슬람 은행업의 구성요소가 있다고 진술하였다. 이슬람 은행은 이미 차지하고 있는 시장 점유율과 명백한 틈새 역할을 하는 은행 체계의 중요한 부분이다. 여러 걸프 연안 국가들의 각 규제당국은 다른 방식으로 이슬람 은행과 거래하였다. GCC의 몇 몇 소국(小國)에서 이슬람 금융은 현재 시장의 20%를 차지하고 있다.180)

1977년에 설립된 이슬람 은행인 KFH(Kuwait Finance House)는 이론적으로 말해서 쿠웨이트 중앙은행의 통제에서 벗어나서 운영된다. 이곳은 적정한 수준의 지급준비금(reserve requirement)이나, 유동자산을 보유해야만 하는 규정에 순응할 필요가 없다.

바레인은 샤리아 금융을 지역금융센터로 개발하려는 전략을 통해 발전시켰다.[181] 바레인 이슬람 은행(Bahrain Islamic Bank)은 1979년에 특별법으로 세워졌다.[182] 그리고 1998년에는 ABC이슬람 은행이 설립되었다. 지역에서 가장 큰 이슬람 은행 중 하나인 샤밀 은행(Shamil Islamic Bank EC)이 바레인에 기반을 두고 있다.[183] 알-바라카 이슬람투자은행(Al-Baraka Islamic Investment Bank)과 마세아프 파이살 알-이슬라미(Maseaf Faisal al-Islami) 모두 바레인에 면세 회사로 등록되어 있고, 역외(offshore) 은행 허가증을 가지고 있다. 2007년 현재 바레인은 78개의 이슬람 기금 중에서 34개를 소유하고 있으며, 대규모 이슬람 투자가들을 찾을 수 있는 중요한 표식과도 같은 나라가 되었다.[184] 2004년 바레인 재정청(Financial Services Authority)은 이슬람 금융기관에서 운영되고 있는 관행들의 표준화를 앞당기기 위해 이슬람 금융 표준으로서의 "바레인 모델"을 공식화하였다.[185]

샤리아 금융의 중추적인 역할을 담당하는 나라로 여겨지는 아랍에미리트(UAE)에서는 이슬람 은행의 수가 2000년도 1개에서 2006년도에 6개로 증가하였고, 그 이후 급속하게 성장하였다.[186] 1975년에 두바이 이슬람 은행(Dubai Islamic Bank)이 설립되었고, 또한 아부다비 이슬람 은행(Abu Dhabi Islamic Bank)이 있다.[187]

카타르에서는 1982년에 카타르 이슬람 은행이 법인체가 되었고, 지금은 세계에서 5번째로 큰 규모의 이슬람 은행이 되었다.[188] 카타르에 있는 다른 이슬람 은행은 카타르 국제이슬람 은행(Qatar International Islamic Bank)으로 이 두 이슬람 은행이 카타르에 있는 전체 은행 자산의 12%를 차지하고 있다.[189]

오만은 걸프 연안국에서 이슬람 은행을 허가하지 않은 유일한 국가이다. 2007년 2월, 오만의 중앙은행 행장인 하무드 산구르 알-자드살리(Hamood Sangour al Zadjali)는 오만은 이슬람 은행을 허락하지 않을 것이며, 그 이유는 자신들은 은행이 특수하지(specific) 않고 보편적(universal)이어야 한다고 믿기 때문이라고 말했다.[190]

걸프 연안국에서는 전통적인 하왈라(hawala)가 아주 잘 발달되어 왔다. 두바이는 특별히 서류 흔적을 남기지 않고, 신용을 바탕으로 세워진 거래의 중심지였다. 하왈라에 의해서 거래된 자금규모는 최근에 극적으로 증가하였다. 현재 하왈라를 이용하는 사람들이 이슬람 은행들과 상호거래하고 있으며, 자금 운송망에 꼭 필요한 부분으로 사용하고 있다. 이것이 불법대체와 돈세탁의 길을 열어주고 있다.[191]

특별히 인도는 하왈라에 의해 UAE에서 뉴델리와 봄베이로 송금되는 정체가 불분명한 막대한 규모의 자금거래에 대하여 우려를 표명하였다.[192] 이에 따라 UAE 중앙은행은 현재 UAE에 있는 하왈라 이용자에 대해 공식적인 면허 제도를 시행하고 있다.

요르단[193]

요르단은 이슬람 은행과 전통 은행 모두를 수용하기 위해 복수 은행 체제를 유지하고 있다. 1978년, 샤리아에 따라 이슬람 은행설립이 준비되었고, 같은 해에 요르단 이슬람 은행(JIB, Jordan Islamic Bank, 이하 JIB)이 출범하였다. 1985년에 요르단 중앙은행은 "1985년의 금융 및 투자법을 위한 JIB"로 불리는 판정을 내렸다. 이 법은 JIB가 운영되어야 하는 방식에 대해 명시하고 있다. JIB는 상대적으로 큰 지부망을 가지고 있다. 그리고 아랍 은행(Arab

Bank)이 새로운 이슬람 자회사인 아랍 이슬람 은행(Arab Islamic Bank)을 열었다.[194]

샤리아 금융은 요르단 시장의 약 10%를 매점하고 있다.

이집트

이집트 개혁가인 무함마드 압두(Muhammad 'Abduh, 1949~1905) 시대 이후, 순니파에 큰 영향을 주었던 이집트 고위 이슬람 기관은 낮은 수준의 이자를 합법적인 것으로 인정하였다. 꾸란에 나오는 리바의 의미를 허용될 수 있는 합리적인 이자와 금지된 착취적인 고리대금으로 구별하여 이해한 것이다.

카이로에 위치한 수니파의 종교연구센터인 알-아즈하르(Al-Azhar) 대학은 꾸란에서의 리바를 고리대금이나 착취적이고 탄압적인 이자로 이해한 압두의 입장에 오랫동안 동의해 왔으며, 낮은 수준의 확정 이자를 허용한다고 선언하였다. 그 결과 이집트에서는 대부분의 은행이 확정 이자를 지불하고, 정부는 이자가 있는 채권을 발행하였다. 사실상 거의 대부분의 은행이 확정 이율을 지급한다.[195]

이런 관점에서, 특히 1980년대 이집트가 자칭 "이슬람 회사들"에 만연했던 대규모 부패들로 인해 금융위기에 처했을 때, 이슬람 금융기관들이 문제가 되었다. 살펴보았듯이, 1989년 이집트 무프티(Mufti, 샤리아 권위자)인 무함마드 사이드 탄타위(Muhammad Sayyid Tantawi)는 정부 채권과 일반 저축예금에서 나오는 이자가 이슬람 정신을 훼손하지 않는다는 파트와를 반포하였다. 그는 이슬람 은행들의 위선을 비판하고, 그들의 홍보에 "이슬람적"이라는 단어를 사용함으로써 대중을 오도하고 있다고 비난하였다. 그리고 이슬람은 단지 금융거래에 있어 자비와 정의를 요구할 뿐이라고 주장하였다.[196]

탄타위의 무프티 계승자인 셰이크 나스르 파리드 와셀(Sheikh Nasr Farid Wassel)은 다음과 같이 선언하였다. "나는 여러분에게 최종적이고 결정적인 파트와를 내리겠다. 은행이 돈을 할랄에 투자하는 한, 그 거래는 할랄이다. 이슬람 은행과 비이슬람은행을 구분하는 것은 무의미하다." 와셀은 은행 이자에 대한 논쟁을 종식할 것을 요구하였다.[197]

이집트에서 이슬람 은행은 1986년에 최고의 전성기를 누렸다. 그리고 1987년에 부패와 사기로 인해 많은 이슬람 투자회사들이 파산했을 때 붕괴되었다. 이집트 정부는 그 이후, 국영은행인 미스르(Misr)의 지도를 받는 전통적인 일반은행들에게 샤리아 금융 창구를 개설하도록 촉구하여 독실한 무슬림들에게서 예금을 끌어모았다.[198] 하지만 이슬람 은행업은 다소 제한된 채로 남아 있다.[199]

터키[200]

1983년에 터키는 이슬람 은행에 대한 허가 규정을 도입하였다. 지금은 역동적인 이슬람 은행의 영역이 있다. 이 규정은 두 개의 성명서 안에 포함되어 있는데 하나는 재무 및 외무통상부(Treasury and Foreign Trade Secretariat) 성명이고, 다른 하나는 중앙은행의 성명이다. 위의 두 성명은 허가받은 이슬람 은행이 일반은행이라기보다는 "특별금융기관"(SFHs: Special Finance Houses, 이하 SFHs)으로 운영되도록 하는 특별 지침을 내리고 있다.

SFHs는 터키 국내・외에 있는 사람들에게 특별당좌계좌(special current account)와 손익분배계좌(profit-and-loss participation account) 하에 예금 기금을 모으는 권한을 받았다. SFHs는 분배 예금의 10%와 당좌 예금의 20%를 지급준비금으로 중앙은행에 예치하도록 되어 있다. SFHs는 당좌 계좌나 분배 계좌를 제공하는 것이 허용되었다. 당좌 계좌는 이윤을 받지 못하고, 국가 저축예금 보험 기금의 보장을 받지 못한다. SFHs는 중앙은행이 명시한 유동성 비율을 보유해야 한다. 상업 활동에 투자된 당좌 예금 기금의 50%는 만기가 일 년 이상이어야 한다. 분배 계정에는 중앙은행이 명시한 최저 잔금(minimum balance)이 있어야 한다. 이 계정은 만기가 90일, 360일 혹은 그 이상이다. 이 계정은 보험이 되지 않는다. 수익(혹은 손실)은 그들이 투자한 사업의 성공에 따라 결정된다. 투자에 대한 은행의 수익 혹은 손실 분배는 어느 쪽이든 20%로 제한되어 있다.

터키에는 4개의 SFHs가 있다. 알-바라카 터키 금융기관(Al-Baraka Turkish Finace House), 파이샬 금융기관(Faisal Finance Institution), 쿠웨이트 터키 금융기관(Kuwaiti Turkish Finance House), 아나톨리아 금융기관(Anatolian Finance House)이 그것이다.

중앙은행은 SFHs의 설립을 위한 방법과 절차를 제시한 법령에 맞추어 이슬람 금융기관을 감독한다. 중앙은행은 지급준비금과 유동성 비율을 확정하는데, 이것은 전통적인 일반은행과 다르다. 그리고 SFHs의 계정을 감사하고 업무를 감독한다. SFHs의 분배 계정에 손익을 분배하는 방식은 정부에 의해 결정된다.

SFHs에 의해 관리되는 손익분배 예금은 본질상 개방형 (open-ended) 상호 기금이다. 분배 계정의 이런 특징은 분배 계정 인증서를 이 증서가 활발히 거래되는 파생 시장(secondary market)의 창출과 더불어 미래의 자본시장 상품으로 만들 잠재성이 있다.

터키에 있는 5개의 민영 이슬람 금융기관 중 3개는 부분적으로 알-바라카 그룹과 파이샬 그룹, 그리고 쿠웨이트 금융기관의 소유이다. 터키의 샤리아 금융은 2004년까지 대략 4%의 시장 지분을 차지하고 있다.[201]

시리아

시리아 정부는 현재 이슬람 금융을 진행시키고 있다. 2007년 두 개의 이슬람 은행 - 챰 이슬람은행(Cham Islamic Bank)과 시리아 국제이슬람 은행(Syrian International Islamic Bank) - 이 신규주식 공모 상장(IPO, Initial Public Offerings)을 하도록 허락되었다. 2007년 3월 13일 열린 제2회 이슬람은행회의(Islamic Banking Conference)에서 중앙은행장인 아디브 말레(Adib Maleh)는 이슬람신탁부 (Ministry of Islamic Trusts)에 국민들로 하여금 이슬람 은행에 투자하고, 이슬람 은행을 통해 자카트(종교세)를 지불할 것을 촉진하라고 권하였다. 정부 또한 첫 번째 이슬람

보험회사인 알 아킬라(Al Aqila)를 2007년 3월에 인가해 주었다.[202]

인도네시아

인도네시아에서 이슬람 은행은 1992년 법에 의해 인정받고 있다. 이 법은 1998년에 새롭게 갱신되었다. 무아말랏트 은행(Bank Muamalat)은 인도네시아에서 가장 큰 이슬람 은행이다. 다른 큰 이슬람 기관으로는 만디리 은행(Bank Mandiri)이 있다. 인도네시아는 최종적으로 2002년에 반-돈세탁 규정을 통과했다. 2006년까지 이슬람 은행은 단지 인도네시아 전체 은행 자산의 1.55%만 차지하였다.[203]

기타 국가

리비아나 모로코에는 아직 이슬람 은행이 없다. 단지 알제리, 레바논, 튀니지의 은행 체제에 소규모로 존재하고 있다.[204]

부록 3
서구의 이슬람 경제: 다루라(Darura) 조작

 유럽 파트와 조사 및 연구위원회는 더블린에 본부를 두고 있는데, 무슬림 형제단과 자마아티 이슬라미와 연계되어 있다. 이 위원회는 은행에서 취급하는 모든 이자에 대해서 그것을 고리대금으로 규정하였을 뿐만 아니라, 심각한 죄로서 금지된 것이라고 선언하였다.[205] 이 위원회는 무슬림들이 이슬람 금융을 이용할 것을 권장하였다. 그러나 이슬람 금융방식이 불가능한 곳에서는 즉 상황과 조건이 극단적으로 불가피한 곳에서는 불법이 합법으로 바뀌게 된다(다루라, darura)는 샤리아의 원칙에 따라 무슬림들이 이자에 기반을 둔 담보물을 활용하여 주택을 구입하는 것을 허용하였다.

또한 위원회는 무슬림들에게 대부분의 법학파들이 받아들인 전통적인 정의 원리를 생각나게 하였다. 이 원리에 따르면 무슬림들이 비무슬림 국가에서 고리대금이나, 불명확한 계약을 체결하여 거래하는 것이 허용될 수 있다.206) 이러한 원리는 비무슬림 국가에서 무슬림들이 샤리아에 적합한 금융방식을 따라야만 하는 종교적 필연성이 없다는 점을 분명히 보여준다. 따라서 비이슬람 국가에서 무슬림들이 샤리아에 적합한 금융을 따라야만 한다는 주장은 비이슬람 국가를 이슬람 국가로 만드는 한 단계이며, 비무슬림 국가에서 자치적인 무슬림 영역을 확보하려는 이슬람주의자들의 욕구에서 나온 것일 뿐이다.

비이슬람 국가를 이슬람화하기 위해서 이들은 꾸란에서 금지한 리바를 모든 형태의 이자를 금지하는 것으로 해석하고 있다. 물론 일단 비이슬람 국가 당국이 샤리아 금융을 수용하게 되면 상황이 불가피하기 때문에 전통적인 일반금융을 이용해야 하는 것과 관련된 논쟁이 사라지게 되고, 무슬림들이 이슬람 금융방식에 따라서 거래하는 것이 의무가 된다. 이러한 과정을 통해서 비이슬람 국가의 금융 분야는 급속하게 이슬람화된다.

샤리아 금융은 서구에서 투자할 곳을 찾는 막대한 오일머니를 축적한 걸프 투자가들의 요구를 충족시켜 주기 위해 처음으로 생겨났다. 이후에 샤리아 금융 지지자들은 서구에 사는 학식 있고 전문직에 종사하는 중산층 무슬림들에게 접근을 시도하였다.[207]

이슬람 은행 체계(Islamic Banking System, 현재 이슬람 금융회사(Finance House)로 일컬어짐)는 1978년 룩셈부르크에서 서구 사회에서는 처음으로 설립되었다. 다음으로 코펜하겐에 덴마크 이슬람 국제은행(Islamic Bank International of Denmark), 호주 멜버른에 이슬람 투자회사(Islamic Investment Company)가 세워졌다.[208] 2006년 독일의 도이치 은행(Deutsche Bank)이 다른 부서와 분리된(이슬람 사업을 위한 전용 공동 자금인) "이슬람 창구"(Islamic Window)를 개설하였다.[209]

미국에서의 샤리아 금융

1980년대 미국의 무슬림 거주민들을 중심으로 샤리아 금융을 발전시키는 노력이 전개되었다. 이것은 샤리아에 적합한 신용카드뿐만 아니라, 저축 계좌와 당좌예금 계좌를 제공하는 몇 몇 미국 은행들과 함께 소매 상품을 개발하는 데 초점을 맞추었다. 그 후에 자동차와 주택을 위한 상호기금과 금융이 제공되기 시작했다.

쿠웨이트 연합은행(United Bank of Kuwait)의 뉴욕 지사가 연방통화감독청(OCC: Office of Comptroller of the Currency Administrator of National Banks, 이하 OCC)에 이슬람 주택금융상품을 허용해 달라고 요청한 1990년대에는 샤리아 금융을 발전시키기 위한 의미있는 시도들이 이루어졌다. OCC는 1997년 12월과 1999년 11월에 사보 "법령해석 의견서"(Interpretive Letter)를 통해 새로운 "기능적으로 동등한 제도를 허가한다"라고 응답하였다.[210]

현재 대부분의 미국 주들은 주택 무라바하(murabaha)를 허용하고 있으며, 많은 주들이 상업적 무라바하도 허용하고 있다. 주택과 상업적 이자라(ijara) 상품들은 몇 몇 주에서 허용되고 다른 곳에서는 교섭 중이다.[211] 21세기에 들어와서는 이슬람 은행이나 신용조합을 설립하려는 노력이 지속적으로 성공하고 있다. 가디언스 레지덴셜(Guidance Residential), 라리바 금융회사(Lariba Finance House), 데본 은행(Devon Bank), 아마나 상호기금신탁(Amana Mutual Funds Trust) 등이 여기에 포함된다.

이슬람 금융 활동의 대부분은 자신들이나 미국이 아닌

-주로 걸프 국가- 투자자에게 봉사하는 주요한 국제기관 혹은 외국 기관들에서 나온다. 몇 몇 이슬람 투자은행들은 미국에 지부를 두고 있다.212) 예를 들어, 미국에서 "가장 오래된 공동체 소유이며, 리바가 없고 샤리아에 적합한 금융"인 라리바 금융회사는 셰이크 유수프 알-카라다위(Sheikh Yusuf Al-Qaradawi)와 셰이크 무함마드 타키 우스마니 (Sheikh Muhammad Taqi Usmani)의 파트와(fatwa)를 모델로 삼고 있다.213)

2004년 6월 미국 재무성은 마무드 에이 엘-가말 (Mahmoud A. El-Gamal)을 샤리아 금융에 대한 주요한 자문위원이자 파견학자로 임명하였다. 재무성은 미국에서 샤리아 금융의 성장에 따라, 관련 문제들을 심층적으로 이해하는 것이 최우선 순위임을 느꼈다.214) 앞에서 밝혔듯이, 엘-가말은 꾸란과 하디스에서의 리바는 모든 형태의 이자를 나타낸다는 전제를 지지한다.

하버드 법과대학의 이슬람 법률연구 프로그램 안에서, 사우디아라비아의 후원으로 수행된 이슬람 금융 프로젝트는 샤리아 금융영역에 있는 법적 요건에 대한 연구와 더불어 샤리아 학문의 많은 분야들을 촉진시켰다. 그리고 세미나를 통해서 "미국 정부 내의 이슬람 금융기관과 규제 당국의 핵심 담당자들을 만나게 되었다."215) 2006년 4

월 다우존스(Dow Jones), 시티그룹 투자은행(Citigroup Corporate and Investment Bank)은 새로운 다우존스 시티그룹 수크크 지수(Sukuk Index)를 개시하였다. 이것은 이슬람 투자 규정에 순응하면서 그들의 국제적 성과를 측정하는 것이다.[216] 이슬람화의 진행을 실험하는 상황이 2000년 미네소타 주에서 발생했다. 미-이슬람관계위원회(CAIR, Council on American-Islamic Relations)의 한 지부가 다음과 같은 캠페인을 벌였다. 즉 군청(헤너핀 군청), 연방저당권협회(FNMA, the Feneral National Mortgage Association), 주택 및 도시개발부(HUD, Department of Housing and Urban Development)에 압력을 행사하여 "보조금이 지급되는 대출 프로그램에서 주택을 구입하기 위해 이자를 지불하려고 하지 않는 소말리아인과 다른 무슬림들에게 군청이 압류 주택을 파는 할부 매매 프로젝트"를 구조화시키기 위해서 캠페인을 벌인 것이다.

카타르와 미국에 있는 이슬람 학자들은 그 계약을 자세히 살펴본 후, 그것을 승인하였다. 비록 그 시도가 결국에는 명백히 실패하였지만, 이슬람 금융을 다루는 미국저널은 "샤리아 개념과 미국 무슬림의 필요"에 "미국 담보 산업과 그 규제자들로부터 매우 높은 관심을 이끌어내었다"는 데 의의가 있다고 쓰고 있다.[217]

영국에서의 샤리아 금융

영국의 무슬림, 매체, 정부 모두는 의심의 여지없이 리바에 대한 이슬람주의의 해석(즉 모든 종류의 이자에 대한 절대적 금지)을 수용하는 것처럼 보인다. 그들은 샤리아가 어떠한 형태의 이자에 대해서도 그것을 취급하는 것을 금지한다는 주장을 계속해서 되풀이하고 있다. 영국에 이슬람 은행과 금융기관을 세우라는 요청이 언론에 많이 있었다.218) 2006년 12월, 이슬람의 견해에는 아무런 모순이 없다고 하면서, BBC의 어느 기사는 기본 전제로서 다음과 같이 말하고 있다.

"샤리아의 원칙에 의해 이자를 부과하는 것은 돈으로 돈을 버는 것으로서 고리대금이기 때문에 허용되어서는 안 된다."219)

샤리아 규정을 어길 수 없기 때문에 서구 주식시장에 투자할 수 없는 무슬림, 담보를 활용할 수 없는 무슬림 주택 실수요자, 학자금 대출을 할 수 없는 무슬림 학생들이 처한 곤경에 대해 동정심을 나타내는 수많은 기사들이 일간지에 나타났다.220) 또한 영국의 언론매체들은 서구 자본시장의 약탈적인 본질과 반대되는 것으로 알려진 샤리아 금융의 윤리적 측면을 끊임없이 강조하였다. 영국의 이슬람 금융과 국제 이슬람 금융시장 양쪽에 접근하려고 노력하는 은행들이 샤리아 금융에 대한 요구에 가담하였다. 예를 들어 홍콩-상하이 은행(HSBC)은 아래와 같이 주장하였다.

"전통적인 담보와 당좌계좌는 영국 2천만 무슬림들에게는 맞지 않는 것이다. 이자를 지불하고 수령하는 것은 샤리아에 금지되어 있다."[221]

그러나 동일한 기사에서 HSBC는 영국 무슬림 주택 소유주 중 70%가 실제로는 전통적인 담보를 취했다는 것을 인정하였다.[222]

영국은행(Bank of England)은 이 문제를 연구할 수 있는 팀을 구성하였고, 2003년 이슬람 담보를 경쟁력 있게 만들기 위해 인지세에 대한 규정을 바꾸었다.[223] 샤리아에 적합한 담보에서 은행은 주택을 구입하고 그것을 사려는 자가 동의된 비용을 지불하여 그 주택이 그의 이름으로 등기될 때까지 그 집을 그에게 임대한다. 일반적인 체계에서 처음에는 은행의 이름으로, 다음은 구입자의 이름으로 이중으로 등기하는 것은 한 번 등기에 인지세 한 번씩 두 번 내는 것을 의미했다. 하지만 새롭게 수정된 규정에서는 인지세가 단 한 번만 지불되었다. 이러한 수정 때문에 이슬람 금융이라는 대체체계는 더 저렴하고 더 경쟁력이 있는 체계가 되었다.

재무성 관료들은 또한 샤리아에 적합한 금융상품을 영국 시장에 도입하는 데 원리상 더 이상 어떠한 반대도 없다고 지적하였다.224) 2005년 정부는 이슬람 담보를 현존하는 전통적 담보 체제 안으로 들여오는 법령을 통과시켰고, 이슬람 금융거래와 소액거래 은행 서비스의 창출을 촉진하였다.225) 2006년 영국 금융감독청(FSA, Financial Services Authority)은 런던에서 이슬람 채권 발행을 지원하는 규제체제를 발표할 가능성에 대하여 연구하였다. 이러한 주도적인 흐름에 따라 이슬람채권의 극적인 성장이 이루어졌다.226) 2006년 6월, 재무성 수석보좌관인 스티븐 팀스(Stephen Timms)는 "영국은 점점 정교해진 이슬람 금융과 무슬림 국가의 늘어난 무역을 지원하기 원한다"라고 말하였다. 그는 말하기를 "정부는 샤리아에 적합한 금융상품 개발에 방해되는 법률과 세금과 관련된 장애들을 제거하는 데 진척을 이루고 있다"라고 하였다. 그는 런던이 이슬람 금융 서비스 제공자에게 세계에서 가장 좋은 기반이 되기를 희망하였다.227)

2006년 런던에서 열린 이슬람 금융 및 무역회의(Islamic Finance and Trade Conference)에서 당시 재무장관인 고든 브라운(Gordon Brown)은 영국을 샤리아 금융의 센터와 관문으로 만들기를 원한다고 발표하였다.228) 브라운은 무슬림 지도자들에게 자신은 영국에서 샤리아에 적합한 상품을 위한 공정한 경쟁의 장을 만들기를 원한다고 확신시켰다. 그는 런던을 국제 이슬람 기금의 본부로 만들고 막대한 오일머니를 축적한 이슬람 국가들이 영국으로 투자하는 자금의 유입을 증대시키기를 희망하였다.229)

브라운은 또한 다른 어떠한 서구의 금융센터보다 런던에 이슬람 서비스를 제공하는 은행이 더 많아질 것이라고 설명하였다. 당시 재무성 경제 보좌관이었던 에드 발스(Ed Balls)가 정부는 수크크(sukuk) 발행을 방해하는 어떤 세금 장애물도 제거하는 법과 영국에서의 파생적인 이슬람시장 설립을 진행할 것이라고 약속했다. 실제로 런던은 이슬람권 밖에서 샤리아 금융을 취급하는 가장 커다란 센터가 된 것처럼 보인다.230)

재무성과 영국은행의 노력으로 영국에 샤리아 금융에 대한 우호적인 분위기가 조성되었고, 그럼으로써 필요한 투자를 끌어오는 데 성공하였다. 정치적으로 이런 공식적인 변화가 있은 후에 샤리아 금융은 영국에서 빠르게 발전하였다. 클리포드 스탠스(Clifford Stance), 린클라터스(Linklaters), 알렌 앤 오버리(Allen & Overy), 노튼 로즈(Norton Rose) 같은 영국 법률 회사들은 샤리아 금융에 대

한 전문 기술들을 개발하였고, 이슬람 시장으로 진출하였다.[231]

국가재정위원회(British Treasury Board)는 런던에 이슬람 금융시장이 있는 것이 영국에 경제적 이익을 준다고 말하면서 영국에서 이슬람 은행을 시작해야 한다는 견해를 환영하였다. 2004년 영국이슬람 은행(Islamic Bank of Britain)이 설립되었으며, 주류 은행들이 이슬람 전문기술을 서둘러 개발하고, 적절한 서비스를 제공하기 시작하였다. 여기에는 HSBC, 西 브롬위치 주택조합(West Bromwich Building Society), 버클레이스 은행(Barclays Bank), 요크셔 주택조합(Yorkshire Building Society) 등이 포함되어 있다. 이들은 모두 대략 2백만(5천명의 백만장자를 포함하여)의 영국 무슬림들이 가져올 거대한 자금시장의 지분을 원하고 있다.[232]

로이즈 TSB그룹(Lloyds TSB)은 2006년 6월 2000개의 모든 지부에서 이슬람 금융 서비스를 제공한다고 발표하였다.[233] 2007년 7월 9일, 금융감독청은 독립형의 (standalone), 도매의(wholesale, 주로 대기업을 상대하는 은행-역자주) 샤리아에 적합한 은행으로 런던에 본부를 둔 런던-중동은행(BLME: Bank of London and The Middle East)의 출범을 승인하였다.[234] 2008년 1월, 영국이슬람 은행은 런던에 첫 번째 전용 상업센터를 개설하게 되었다.

대부분의 은행은 그들의 상품이 샤리아의 엄격한 해석을 따르고 있는지 확증하기 위해 내부적인 샤리아 감독위원회를 설치하였다. 그들은 무슬림 공동체를 안심시키기 위해 샤리아 감독위원회의 학자들의 이름을 공시하였다.[235] 예를 들어 HSBC 아마나 금융은 독자적인 "샤리아 감독위원회"(SFC)의 감독을 받는다. 이 위원회는 정기적으로 상품과 거래가 샤리아에 따르고 있는지 확인하기 위해 그것들을 점검한다. 평판이 좋은 3명의 이슬람 학자가 이 위원회에 소속되어 있다.

파키스탄 출신의 저스티스 무함마드 타키 우스마니(Justice Muhammad Taqi Usmani), 바레인 출신의 셰이크 니잠 야꾸비(Sheikh Nizam Yaqubi), 사우디아라비아 출신의 모하메드 알리 엘가리(Mohamed Ali Elgari) 박사가 그들이다.[236]

영국 언론들은 샤리아 금융의 복잡한 구조들을 영국 독자들에게 설명하는 수많은 기사들을 실음으로써 이런 경향들을 따르고 있다. 예컨대 타임즈(The Time)는 2003년 8월 8일 이슬람 은행에 관하여 16페이지로 된 특별부록을 발행하였다.[237] 내용은 샤리아 금융의 윤리적인 면을

찬미하는 것 일색이었다.

> "이슬람의 신앙에 기반을 둔 금융 관리 체제인 이슬람 은행업은 윤리적인 은행 운동에서는 단연 최고이다. 어느 경제학자가 말하기를 이것은 개발도상국에서 출현한 소수의 독창적인 개념 중 하나라고 하였다…대중적인 오해와는 반대로 이것은 모든 참가자에게 개방적이고 보편적인 개념이다…이슬람 교훈에 기반을 둔 금융체제의 윤리적 원리는 아브라함 신앙에 기반을 둔 다른 두 개의 전통, 즉 기독교와 유대교와 공유된다."[238]

2007년 9월 현재, 두바이 포트월드가 발행한 최대 수쿠크인 35억 달러가 런던에서 서명되었다. 유럽이슬람 투자은행(EIIB)이 완전히 샤리아에 적합한 첫 번째 이슬람 투자은행으로서 2006년에 독자적으로 설립되었다. 이것은 걸프에 기반을 둔 수많은 기관들과 개인들의 소유이다. 본부는 런던에 있으며, 영국 금융감독청의 규제를 받고 있다.[239]

샤리아의 경제 원리에 대한 이슬람적 해석을 이슬람 전체의 대표로 받아들임으로써, 영국 당국은 이슬람주의에 힘을 실어주고, 무슬림 온건파와 자유파의 힘을 약화시켰다. 최근의 개발들로 말미암아 개별적 무슬림들은 소위 샤리아-적격 금융 상품들을 사용하라는 커지는 공동체의 압력 또한 받게 되었다.

경고의 목소리[240]

2004년 영국에서 이슬람 금융 서비스에 대한 한 연구에서 경고의 목소리가 들려왔다. 그 연구는 이전의 연구들 대부분이 영국에서의 이슬람 금융 서비스에 대한 요구를 과대평가했다고 주장하였다. 그리고 영국의 무슬림 인구의 75%가 샤리아 금융에 관심이 없으며, 자율적인 요구도 없었다는 사실을 발견하였다. 또한 샤리아 금융은 "공급주도형"(supply-led)이며 따라서 그것을 강요하고 제공하는 자들은 이슬람 상품에 확실한 유익을 덧붙임으로써 그것에 대한 요구를 창출해야만 할 것이라고 결론지었다.

이 연구는 무슬림 고객을 세 가지 유형으로 구별했다. 첫 번째 유형은 이자의 금지에 대해 충실하게 믿는 무슬림들로서 이들은 이자에 기반을 둔 상품을 결코 사용하지 않는다(단지 5%). 두 번째 유형은 "억압된(pent-up) 요구자들"로 이들은 금융 상품을 선택하는 데 있어 종교적인 요소와 다른 요소 모두를 고려하는 무슬림들이다. 세 번째 유형은 전통적인 고객들로, 이들은 샤리아 금융을 이용하는 것을 꺼리는 무슬림들로서 특히, 샤리아 금융에 비용이 더 들어가게 될 때 그러하다.

영국 무슬림들의 1/4은 샤리아 금융에 관심을 보이기는 하지만, 전통적인 일반금융 서비스를 이용하고 있다. 83%는 유명한 이슬람 학자들에 의해 승인된 샤리아에 적합한 이슬람 금융상품의 필요성에 대해 의문을 품고 있다. 50% 이상이 이슬람 금융 상품들이 얼마나 참된 것인지에 대해 확신하지 못하고 있다. 오직 17%만이 샤리아 금융을 대체로 이슬람적인 것으로 받아들인다. 11%만이 영국에서 제공되는 이슬람 금융상품에 만족하고 있으며, 9%만이 이슬람식 담보에 대해 긍정적인 태도를 보이고 있다.

샤리아 금융에 대한 태도를 결정하는 데 있어서는 교육, 직업, 지역, 수입이라는 네 가지 요소가 중요하다. 고등교육을 받은 고수입의 무슬림 전문가들(소수)은 다른 것보다 이슬람 금융 상품에 더욱 관심을 보인다. 지역도 남·북으로 나누어진다. 북쪽과 중부지방(예컨대, 맨체스터, 레스터)에 살고 있는 무슬림들은 남부지방 예를 들어 런던에 사는 무슬림들보다 이슬람 상품에 훨씬 더 큰 관심을 가지고 있다.

이 연구를 통해서 이슬람 금융 서비스에 대한 요구가

순수한 종교적 현상이 아니라고 결론지었다. 이런 주장은 샤리아 금융이 종교적 언어로 포장된 정치적인 목적을 위해서 추진된 이슬람주의자들의 고안물이라는 가정과 상호 관련이 있다. 이슬람 운동이 인위적으로 샤리아 금융에 대한 필요와 요구를 불러일으켰다는 것은 명백하다. 또 다른 결론은 영국에서 정부와 금융 영역에서 샤리아 금융을 지원하는 것은 지역 무슬림의 요구를 만족시키기 보다는 -이것은 단지 경건하게 보이기 위한 겉포장으로 사용되고 있을 뿐이다- 오일을 통해서 재화를 축적한 중동에 있는 거대한 공동기금에서 투자를 끌어오려는 목적이 더 크다.

서구에서 가장 샤리아에 우호적인 금융 시장으로 비쳐지는 영국

여러 이슬람 회사를 조사한 결과, 세계에서 영국이 인적 자본, 전문 기술, 제도 및 법적 체제, 정치적 환경의 관점을 통해서 볼 때, 샤리아에 가장 우호적인 분위기를 보이고 있는 나라로 간주되고 있다.[241]

제목: 샤리아 투자 지역

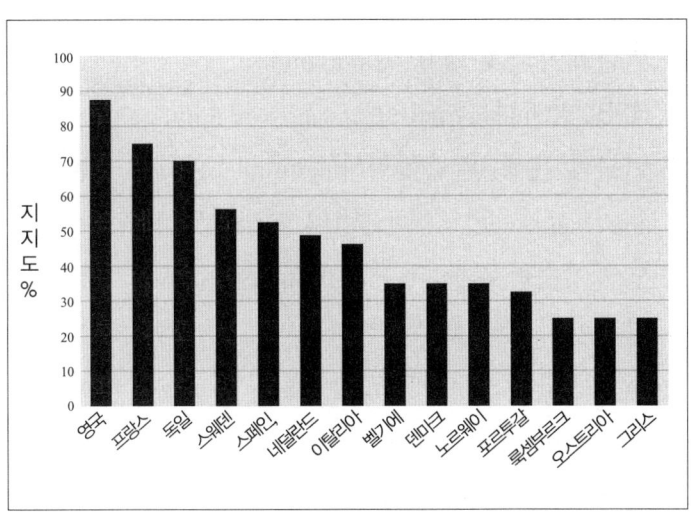

제목: 샤리아에 우호적인 환경을 지닌 국가들

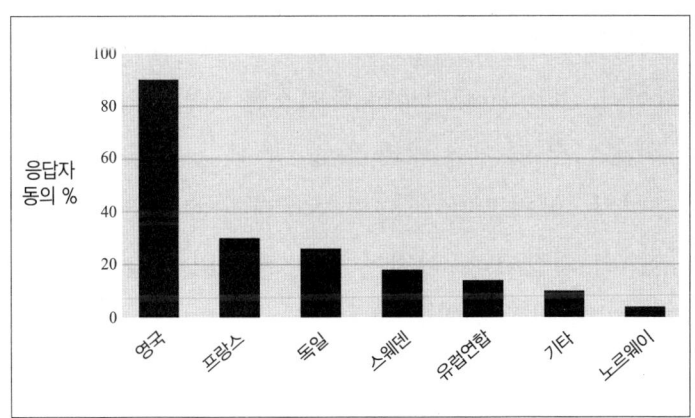

영국에서 샤리아 금융과 관련된 기관들

- 버클레이스 은행(Barclays Bank)
- HSBC아마나 금융(HSBC Amanah Finance)
- 이슬람 은행 및 보험회사(Institute of Islamic Banking and Insurance), 그로스버너 크레센트, 런던
- 영국이슬람은행(Islamic Bank of Britain), 에즈웨어 가, 런던
- 西 브롬위치 주택조합(West Bromwich Building Society)
- 요크셔 주택조합(Yorkshire Building Society)

영국의 샤리아 위원회에 관련된 개인들

· HSBC아마나 샤리아 위원회

무함마드 타끼 우스마니(Muhammad Taqi Usmani)는 파키스탄의 데오반드 운동(Deobandi movement)의 주요 지도자이다. 그는 1982년부터 파키스탄 대법원의 판사였으며, 현재 다르 알 우룸 카라치(Dar Al Uloom Darachi)의 부회장이자, 파키스탄 이슬람경제센터(Islamic Economy Center)의 의장이다. 이전에 그는 제다의 이슬람 피크흐 아카데미의 의장 대리였다.

우스마니는 이슬람금융기관회계감사기구(AAOIFI)의 샤리아 위원회 회장이다. 그는 또한 미국 가이던스 금융그룹(Guidance Financial Group), 제다의 사우디-미국은행(Saudi American Bank), 바레인의 시티 이슬람투자은행(Citi Islamic Investment Bank)의 샤리아 감독위원회의 회장이기도 하다. 아부다비 이슬람 은행(Abu Dhabi Islamic Bank)의 샤리아 감독위원회 부회장이며, 제다의 알-바라카 그룹, 바레인의 제일이슬람투자은행(First Islamic Investment Bank)과 쿠웨이트연합은행 이슬람부(Islamic Unit of the United Bank of Kuwait)의 샤리아 감독위원회 회원이다. 우스마니는 다룰 우룸 카라치(Darul Uloom Karachi)에서 알리미야(Alimiyyah)와 타카수스(Takhassus)의 학위를 취득하고, 펀자브 대학(Punjab University)에서 석사학위를, 카라치 대학에서 법학사를 취득했다.

또한 우스마니는 다우존스 이슬람시장지수(Dow Jones Islamic Markets Indexes)의 샤리아 감독위원회의 위원이다.

· 셰이크 니잠 야꾸비

셰이크 니잠 야꾸비(Sheikh Nizam Yaqubi)는 현대 샤리아금융의 여러 측면들에 대하여 중요하고도 독창적인 연구에 기여하였기 때문에, 이 분야에서는 세계를 주도하는 전문가의 한 명으로 간주된다. 그는 가이던스 금융그룹, 시티 이슬람 투자은행, 아부다비 이슬람 은행을 포함하여 여러 이슬람 금융기관의 샤리아 감독위원회의 회원이다. 1976년 이래, 그는 바레인(명시되지 않은 기관)에서 타프시르(tafsir, 꾸란 해석학), 하디스 그리고 피크흐를 가르쳤다. 셰이크 야꾸비는 몬트리올에 있는 맥길(McGill) 대학에서 금융학 석사를 취득했고, 그의 고향 바레인과 메카에서 전통적인 샤리아 학문을 교육받았다.

셰이크 니잠은 여러 이슬람 금융기관의 이슬람 감독위원회에 참석하고 있으며, 샤리아 금융에 있어 활동적인 학자이다. 그는 캐나다 맥길 대학에서 경제학과 비교종교학으로 학사를 받았으며, 현재 영국의 웨일즈 대학에서 이슬람 법으로 박사과정을 밟고 있다. 그는 바레인에 기반을 둔 독자적인 샤리아 고문으로 활동하고 있다.

그는 샤리아 금융과 다른 학문에 대해 영어와 아랍어로 여러 출간물을 낸 저자이다. 《타흐끼즈툴-아말 피 이카라즈 즈카틸-피트르 빌-말(Tahqiatul-A'mal fi Ikhraj Zakatil-Fitr bil-Mal)》, 《리살라피트-타우바(Risalah fit-Tawabah)》, 《꾸라툴-아이나인 피파다일 비르 알-왈리다인(Qurratul-'Aynayn fi Fada'il Birr al-Walidayn)》, 《이르샤드 알-우까라일-후쿰 알-끼라아 민 알-무스-하프 피스-살라(Irshad *al-'Uqala' ila Hukm al-Qira'ah min al-Mus-haf fis-Salah*》

야꾸비는 HSBC아마나, 아부다비 이슬람 은행, 바레인 이슬람 은행, 시티 이슬람 투자은행을 비롯한 여러 은행의 샤리아 자문위원이다. 그는 또한 다우존스 이슬람 시장지수의 샤리아 감독위원회에 참석하고 있다.

· 모하메드 알리 엘가리 박사

모하메드 알리 엘가리(Mohamed Ali Elgari) 박사는 이슬람 경제학자로서, 이 분야의 여러 기관들과 함께 작업과 저술을 병행하고 있다. 엘가리 박사는 사우디아라비아의 킹압둘라지즈 대학에 있는 이슬람경제학 연구센터의 책임자이다. 그는 이 대학에서 이슬람 경제학과의 부교수로 재직하고 있다. 그는 제다에 있는 이슬람 법률아카데미의 전문가이다. 그는 세계에 퍼져 있는 많은 이슬람 금융기관에 자문하고 있으며, 이슬람 은행업의 샤리이 측면에 대한 의미 있는 연구를 한 저자이기도 하다.

그는 HSBC 아마나, 바레인 이슬람 은행, 다우존스 이슬람 지수, 국립상업은행(National commercial Bank), 사우디-미국은행, 사우디-프랑스은행의 샤리아 자문위원이다. 엘가리 박사는 이슬람개발은행(IDB) 산하의 아카데미

위원회와 제다의 이슬람 피크흐 아카데미의 회원이다. 그는 또한 바레인 은행 및 금융기관(Bahrain Institute of Banking and Finance)에서 이슬람 은행업을 가르치는 교수이며 이슬람 경제지(Review of Islamic Economics)의 편집장이다. 엘가리 박사는 캘리포니아 대학에서 경제학 박사 학위를 받았다.

· 무함마드 임란 아쉬라프 우스마니 박사

무함마드 임란 아쉬라프 우스마니(Muhammad Imran Ashraf Usmani) 박사는 가이던스 금융그룹, UBS워버그, 파키스탄의 미잔 은행(Meezan Bank)의 샤리아 자문위원이다. 그는 교수진으로 지난 10년 동안 자미아 다룰 울룸 카라치에서 이슬람 학문을 가르쳐 왔고, 《이슬람 금융에 대한 지침과 이슬람 은행업에 대한 미잔 은행의 지침(A Guide to Islamic Finance and Meezanbank's Guide to Islamic Banking)》을 포함하여 여러 권의 책과 논문을 저술하였다.

우스마니 박사는 카라치 대학에서 학사, 석사, 박사 학위를 취득했으며, 자미아 다룰 울룸 카라치에서 알리미야와 타카서스(이슬람 법률 전문)의 학위를 취득했다. 그는 샤리아 금융 분야에서 방대한 연구를 수행하였고, 샤리아에 관한 여러 권의 책을 저술하였다. 우스마니 박사는 카라치의 기업행정기관(Institute of Business Administration)의 교수진이다. 그의 저서인 이슬람 은행업에 대한《미잔 은행의 지침(Meezanbank's Guide to Islamic Banking)》은 유명한 책이다. 그의 학문적 성취 외에도 그는 다음의 규제 및 금융기관의 샤리아 위원회 회원이다.

- 파키스탄 국영은행(State Bank of Pakistan)
- HSBC아마나, 두바이, 아랍에미리트
- UBS스위스(UBS Switzerland)
- 마쉬레크 은행(Mashreqbank), 두바이, 아랍에미리트
- 가이던스 금융그룹, 미국
- 히랄금융서비스(Hilal Financial Services), 두바이, 아랍에미리트
- DCD금융그룹, 영국
- 미래성장주식기금(Future Growth Equity Fund), 남아공

· 영국이슬람 은행의 샤리아 감독위원회[242]

셰이크 닥터 압둘 사타르 아부 굳다(Sheikh Dr Abdul Sattar Abu Ghuddah)는 영국이슬람 은행의 샤리아 감독위원회 회장으로 알-아자르 대학에서 이슬람 법으로 박사학위를 취득했다. 그는 리야드에 있는 이맘 알-다와 기관(Imam al-Da'wa Institute)과 쿠웨이트의 종교기관(Religious Institute)과 쿠웨이트 대학의 샤리아 대학과 법학과에서

가르쳤다. 그는 제다의 달라 알바라카 그룹(Dallah Albaraka Group)의 연합샤리아 감독위원회의 사무총장이다. 또한 그는 다운존스 이슬람 시장지수의 샤리아 감독위원회에 출석하고 있다.

무프티 압둘 카디르 바르카툴라(Mufti Abdul Kadir Barkatullah)는 북런던핀츨리 사원(North London Fincley Mosque)의 예배 인도자이다(이맘, imam). 그는 이슬람 법으로 무프티(졸업증서)를 획득하였고, 인도의 이슬람 대학(Islamic University)에서 이슬람 연구로 학사 학위를 받았다. 그는 또한 파트와를 위한 이슬람 도움 전화의 감독관과 벡톤 우르드(Vectone Urdu) 방송의 사회자로 활동하고 있다.

· 셰이크 니잠 야꾸비(자세한 내용은 HSBC아마나 샤리아 위원회를 참조하라)

· **로이즈TSB 샤리아 위원단**[243]

· 셰이크 니잠 야꾸비(위 참조)
· 닥터 무함마드 임란 아쉬라프 우스마니(위 참조)
· 무프티 압둘 카디르 바르카툴라(위 참조)

무프티 무하메드 너룰라 시크드르(Mufti Muhammed

Nurullah Shikder)는 변호사이며, 툰브릿지웰즈 사원(Tunbridge Wells Mosque)의 이맘이다. 그는 런던 길드홀 대학(London Guildhall University)에서 법학사를 받았고, 개인과 기업에 샤리아 금융에 대해 자문하고 있다.

영국 샤리아 위원회에 관련된 개인들의 분석

샤리아 전문가들은 무슬림 국가의 과격 급진화의 선봉에 서 있고, 지금은 무슬림 거리에서 대중적인 서구에 대한 적의를 선동하는 몇 개의 이슬람 운동 조직과 연계되어 있다. 이들의 목적은 세상의 모든 국가와 사회를 이슬람으로 지배하는 것이다. 비록 규모가 더 큰 운동가들은 목적을 달성하기 위해 합법적인 방법을 사용한다고 주장하지만, 그들의 이념은 많은 과격파와 폭력 조직을 낳고 있다. 사우디가 아프가니스탄에 재정지원을 하여 소련과 대항한 전쟁은 이 운동을 과격화하고, 그들을 주류 이슬람에서 주도적인 목소리로 변화시키려는 촉매제라는 것이 드러났다. 그들은 먼저 아프가니스탄에서 무자히딘(mujahidin; 무장게릴라, 반정부단체, 원래 의미는 성스러운 이슬람 전사-역자 쥐)을 지원하였고, 그 다음은 카쉬미르 지역의 반군 운동, 나중에는 그들이 느끼기에 무슬림들이 공격당하고 있는 세계의 여러 단체에 지원하였다. 이 운동은 그들의 목적을 이루기 위해 세계적으로 연결된 조직과 단체의 네트워크를 만들었다. 연계된 많은 단체들은 겉으로는 온화하게 보이지만, 비밀리에 서구사회의 이슬람화를 위해 압력을 가하고 있다.

이슬람 전문가들이 연계된 운동들은 아래와 같다.

- 무슬림형제단(이집트에서 결성되었다)과 전 세계적인 지부망
- 사우디 와하비-살라피즘(Wahhabi-Salafism)과 전 세계적인 지부망
- 파키스탄의 데오반드 운동과 그 지부망
- 자마아티 이슬라미(파키스탄에 본부를 둠)와 지부망

이 네 개의 운동은 어느 곳에서든지 은밀하게 샤리아의 통치 아래에 있는 이슬람 국가를 촉진시키고 비무슬림 사회와 국가를 이슬람화하기 위해 활동하는 국제이슬람동맹을 결성하였다. 샤리아 금융과 은행은 이런 운동의 한 부분이다.

여기에서 다른 이슬람 금융과 샤리아 전문가들은 금융상품이 샤리아 적격 여부를 확정하는 금융기관의 다양한 위원회와 부서에 참석하고 있다. 그러나 그들은 또한 이슬람주의 학술 기관에서 가르치고 있으며, 전 세계적인 이슬람 네크워크와 이슬람주의자들의 조직에 참석하고

있다.

데오반드 운동에 연관된 전문가들

무함마드 타끼 우스마니와 그의 아들 무함마드 임란 아쉬라프 우스마니는 둘 다 데오반드 교육기관인 카라치 대학의 졸업생이며 강사이다. 그들은 둘 다 이 대학에서 알리미야와 타카수스 학위를 받았으며, 무함마드 타끼 우스마니는 이 대학의 부총장이다.

데오반드는 영국의 통치(Raj) 기간에 서구 문명화의 영향에 대항하기 위해 시작된 남아시아의 이슬람 개혁 운동이다. 인도의 분할과 파키스탄의 탄생 후에, 데오반드의 지도자들은 파키스탄 정부에 의한 샤리아 수행에 헌신하였고, 그들의 이상을 이루기 위해 파키스탄 센터인 다르 울 울룸(Dar Ul Uloom) 카라치를 세웠다. 파키스탄 정당인 자미이야툴 울라마 이 이슬람(JUI; Jami'iyatul 'Ulama-I-Islam)이 필요한 정치적 그리고 합법적 변화를 위해 압력을 넣기 위해 창당되었다. 수천의 데오반드 마드라사스(madrasas, 종교학교)가 데오반드 메시지를 품은 헌신된 새로운 젊은 세대를 교육하기 위해 세워졌다.

이런 데오반드 마드라사스는 탈레반 운동의 온상이 되

었는데, 이곳에서 수천의 탈레반 지하드 전사들이 훈련받았다. JUI 또한 군사조직을 가지고 있는데 여기서 현재 카쉬미르와 파키스탄에서 활동 중인 많은 테러 조직인 하라카툴 안사르(Harakatul Ansar), 하라카툴 무자히딘(Harakatul Mujahidin), 자이쉬 무함마드(Jaish-i-Muhammad), 시파히-사하바(Sipahi-Sahaba), 라쉬카르이 장비(Lashkar-i-Jhangvi)에 신병들을 보내고 있다.

이들의 군사적 활동은 아프가니스탄과 카쉬미르에서 파키스탄의 이익을 확보하기 위해 파키스탄 국정원(ISI, Inter Intelligence Services 이하 ISI)이 지원하고 자금을 조달하고 있다. 최근 2001년 4월에 ISI는 페샤와르(Peshawar)에서의 데오반드 회의에 자금을 도왔다. 이 회의에서 대표자들은 탈레반 지도자인 물라 무함마드 오마르(Mullah Muhammad Omar)와 오사마 빈 라덴의 메시지를 들었다. JUI의 지도자인 마우라나 파즈루르 라흐만(Mawlana Fazlur Rahman)은 맹렬하게 반-서구적 특히 반미적이다. 그는 미국이 이끈 아프가니스탄과 이라크 침공에 뒤이어 지하드로 미국을 협박하였다.

타끼 우스마니는 그의 저서, 《이슬람과 현대화(Islam and Modernism)》에서 세계적으로 이슬람 주권을 확립하기 위해 비무슬림에 대항하여 무슬림들이 공격적인 확장주의 성전을 행해야 한다고 확언하고 있다. 그는 무슬림들은 영국과 같은 이슬람을 실천할 수 있는 자유가 있는 나라에서 평화롭게 살아야 하지만, 그것은 그들이 전투에 참여할 만큼 충분한 힘을 얻을 때까지이다. 이 책은 꾸란을 시집과 은유집으로 바꾼다는 비난을 받고 있는 이슬람 온건파에 대한 반론이다. 그는 그들이 서구 문화와 이념에 의해 넘어갔다고 비난하고 있다.

그 책의 목적은 오로지 방어적인 지하드(침략이나 점령 중인 무슬림 영토를 방어하기 위해 전투하는 것)만 이슬람에서 허용되고 있다고 믿는 자들을 반박하는 것이다. 그는 또한 지하드가 이슬람 설파를 자유롭게 허락하는 비무슬림 국가에 대항하는 불법적인 것이라는 의견을 부인한다. 그는 공격적인 지하드는 이슬람의 영광을 확립하는 데 있어 항상 칭찬할 만하며, 이 교리를 바꿀 필요가 없다고 했다.

타끼 우스마니는 모든 무슬림들은 탈레반 지하드를 지원하라고 재촉하였다. 타끼 우스마니는 이슬라마바드에 있는 레드 사원(Red Mosque) 예배 인도자의 종교적 지주였다. 그는 파키스탄 보안군이 무력으로 샤리아를 수행하고 다른 시민들을 공격했던 2007년 7월에 학생들과 함께 그들에 의해 꼼짝 못했던 자이다. 우스마니는 파키스탄에 있는 아흐마디스(Ahmadis)를 비무슬림으로 선언하라고 요구했던 주동자이다. 그는 1980년대 아프간 지하드가 순례와 동등한 종교적 관행이라고 주장하면서 그것을 지지하였다.

와하비 운동과 연계된 전문가

셰이크 니잠 야꾸비와 모하메드 알리 엘가리가 이 운동을 대표한다. 이들은 모두 위에서 보았듯이 사우디아라비아와 연계되어 있다.

사우디아라비아는 와하비 운동(Wahhabism)의 센터로 이 운동은 다른 무슬림들을 이단과 배교자로 취급하여 참된 믿음으로 전향을 강요하고, 그렇지 않으면 죽였던 변두리 급진 개혁 단체로 시작했다. 특히 1970년 이래 사우디금고로 흘러들어온 오일 자금은 와하비 파를 주도적인 세력으로 만들었다. 그들은 다른 이슬람 운동과 동맹을 결성하였는데, 특히 무슬림형제단, 자마아티 이슬라미, 데오반드, 막대한 기금 공급으로 전복된 다른 단체들과 하였다.

사우디가 후원하는 무슬림 산하 조직들은 일관되게 무슬림 국가들의 이슬람화, 서구 사회의 이슬람화, 비무슬림 영역에 급진적 이슬람의 확장을 압박하였다. 엘가리 박사가 회원으로 있는 제다의 이슬람 피크흐 아카데미는 이슬람회의기구(OIC)에 종속되어 있으며, 그 목적은 샤리아가 모든 무슬림 국가와 사회에서 수행될 수 있는 기초를 놓는 것과, 비무슬림 사회와 국제 영역에서 그 영향력을 증대하는 것이다.

자마아티 이슬라미와 무슬림형제단과 연계된 전문가

무함마드 타끼 우스마니와 셰이크 니잠 야꾸비는 자마아티 이슬라미와 무슬림형제단과 연계된 이슬람 금융 전문가들이다. 그들은 영국 레스터에 있는 이슬람 재단에 속해 있는 마크필드 고등교육기관국제자문위원회(International Advisory Council of the Markfield Institute of Higher Education)에 종사하고 있다. 이 기관들은 전 세계로 뻗은 자마아티 이슬라미 네크워크의 한 부분이다. 파키스탄에서 자마아티 이슬라미는 강경 노선의 이슬람 운동이며 정당이다. 이들은 파키스탄과 모든 무슬림 국가 그리고 점차적으로 세계에 있는 모든 사회와 국가를 샤리아 통치 아래 이슬람 국가로 형성하는 것에 헌신하고 있다. 영국과 서구에 있는 지부들은 이슬람 원리를 진행하는 동안에는 온건한 경향이 있다. 파키스탄에서 그들은 성공적으로 선동하여 아흐마디야(Ahmadiyya)를 비이슬람으로 선언하는 성명을 하게 하였다. 그들은 지아-울 하크

(Zia-ul Haq) 대통령 아래서 파키스탄 법률 체제를 이슬람화할 이념적 토대를 제공하고 아프가니스탄과 카쉬미르에서 싸울 자체의 무자히딘(mujahidin) 단체를 만들었다.

셰이크 유수프 알-카라다위(Sheikh Yusuf al-Qaradawi)는 현재 카타르에 살고 있는 무슬림형제단의 중요한 영적 지도자이다. 그는 동일한 국제자문위원회에 참석하고 있다. 무슬림형제단은 이집트에서는 불법이다. 이집트 정부는 통치를 불안정하게 하는 형제단의 대중성, 힘, 능력을 신뢰하지 않는다. 다른 운동처럼 형제단은 모든 곳에서 샤리아 통치의 이슬람 국가를 세우는 것에 헌신하고 있다. 비록 그들은 비폭력을 주장하지만, 하마스(Hamas, 팔레스타인의 반이스라엘 과격단체-역자 주)를 지지하고, 아프간 지하드에 수천 명의 전사를 파견하고 그 이념은 자마아 이슬라미야(Jama'a Islamiyya)와 이집트의 지하드처럼 가장 잔인한 이슬람 테러 단체를 낳고 있다.

카라다위는 또한 유럽 파트와 및 연구위원회(European Council for Fatwa and Research)의 이사이다. 이 위원회는 유럽 사회와 그들의 통치를 이슬람화하기 위해 활동하는 무슬림형제단의 광대한 유럽 네트워크의 하나이다. 카라다위는 팔레스타인이 이스라엘 시민들을 대상으로 자살 폭탄테러를 감행하는 것을 샤리아에 순응하는 것으로 정당화하였다.

유럽 파트와 및 연구위원회의 의장 대리는 레바네스 셰이크 파이샬 알-마우라위(Lebanese Sheikh Faisal al-Mawlawi)로서 프랑스에서 살고 있다. 이곳에서 그는 프랑스이슬람 조직연합(UOIF, Union Des Organisations Islamiques en France)과 유럽이슬람 연구대학(European college for Islamic Study)을 설립하였는데, 모두 무슬림 형제단 조직망의 한 부분이다.

이슬람 금융 체계의 이와 같은 유수의 지도자들이 세계적인 이슬람 국가를 설립하는 목적을 지닌 극단주의자들의 조직과 연계되었다는 사실을 통해서 서구에 샤리아-적격 은행과 금융을 환영하는 일을 멈추어야만 한다.

부록 4
비이슬람 국가의 샤리아 금융

싱가포르

싱가포르는 말레이시아와 인도네시아처럼 큰 무슬림 국가에 인접해 있는 작은 도시국가이다. 이 나라는 중요한 국제금융센터로서 돈이 되는 샤리아 금융시장과 오일머니를 통해 증대하는 이슬람 국가들의 자산의 지분을 얻는 데, 큰 관심을 보이고 있다. 고촉통(Goh Chok Tong) 총리는 다음과 같이 설명하였다

"만일 이슬람 금융 서비스를 제공하지 않는다면, 싱가포르는 완벽한 국제금융센터가 될 수 없다."244)

싱가포르는 자국 내 무슬림 시장이 상대적으로 작다는 것을 인식하고서, 도매시장 활동을 위해 제공될 수 있는 금융상품과 서비스를 지금의 금융 하부구조 위에 추가로 세울 계획을 가지고 있다. 이 나라는 이슬람 금융 기관들이 싱가포르에 지점을 열 것과 금융기관들이 이슬람 금융 상품과 서비스를 추가할 것을 권하고 있다.245) 2007년까지 싱가포르에서 11개의 중동은행들이 업무를 시작하였다. 또한 (2007년 3월 6일 개최된) 2007국제 와크프 회의 (International Waqf Conference)같이 싱가포르에서 샤리아 금융관련 회의들이 개최될 수 있도록 노력하고 있다.246)

홍콩

2007년 10월 홍콩의 행정장관인 도널드 창(Donald Tsang)은 홍콩이 샤리아 금융의 요충지가 되는 데 있어 싱가포르와 말레이시아와 경쟁하기를 바란다고 하였다. 그는 샤리아에 적합한 상품을 예비하는 것은 발전을 가져올 수 있는 커다란 잠재력을 키우는 것이라고 설명하였다. 홍콩은 이슬람 국가에 금융 서비스를 제공하고, 이슬

람 채권 시장을 개발하는 데 집중할 것이라고 발표하였다.247)

일본

일본은 샤리아 금융의 후발 주자이다. 그러나 2006년 미츠비시 UFJ(일본에서 가장 큰 은행인)는 이슬람 투자 금융 서비스를 제공하기 위해 말레이시아의 CIMB와 제휴를 맺었다. 2007년 9월 중앙은행인 일본은행(Bank of Japan)은 샤리아 금융에 대한 이해를 심화하기 위해 참관회원으로 이슬람금융서비스위원회(IFSB)에 가입하였다. 또한 2007년 샤리아에 따른 첫 번째 부동산 거래가 일본에서 조인되었다. 자산 관리자인 아틀라스 파트너스 재팬(Atlas Partners Japan) 사는 쿠웨이트의 부바얀 은행(Boubayan Bank)과 협력하여 동경에 있는 세 개의 사무실을 4천만 달러에 구입하는 거래에 서명하였다.248)

스리랑카

스리랑카의 국가 소유인 세이론 은행(Bank of Ceylon)은 2008년에 이슬람 은행 업무를 시작할 계획을 세웠다. 2007년까지 스리랑카 샤리아 금융 분야는 불과 4천 5백만 달러였지만, 그 잠재력은 7~9억 달러로 추정되었다.249)

부록 5
샤리아

서론

샤리아는 아랍어로 "통로"(path) 혹은 "길"(way)을 의미한다. 오늘날 이것은 이슬람 역사에서 초기 3세기 동안, 무슬림 학자들에 의해 발전되었던 "이슬람 법"을 의미하는 데 사용된다. 이 법은 이슬람에서의 삶의 방식을 명령한다. 샤리아는 삶의 모든 면을 다루고 있으며, 성(聖)과 속(俗)을 분리하지 않는다.

대부분의 무슬림들은 샤리아가 '울타리' 나 '바리케이드' 처럼 죄로부터 자신들을 보호한다는 생각을 가지고 있다. 또한 샤리아는 무슬림과 비무슬림의 정체성을 구별하는 표식과도 같은 역할을 한다. 샤리아는 심지어 샤리아의 어떠한 요소도 가지고 있지 않은 나라에 사는 모든 무슬림들의 행동과 세계관에 강력한 영향을 미치고 있다.

대부분의 무슬림들은 샤리아가 알라의 계시된 법이며, 완전하고 영원한 것으로서 개인, 사회, 국가의 상세한 것까지 규정하고 있다고 생각한다. 그래서 그들은 샤리아를 비평하는 어떠한 것이라도 모두 이단이라고 믿는다. 비록 시아파가 샤리아를 새로운 환경에 맞게 해석하여 순응할 수 있는 어떤 것으로 허용한다 할지라도, 대부분의 수니파 무슬림들은 샤리아가 완전히 불변하는 것이라고 믿는다.

샤리아의 타당성을 어떤 식으로든 부인하거나 비난하는 무슬림은 전통주의자 혹은 이슬람주의자들에 의해 비무슬림(이교도 혹은 배교자)으로 분류된다. 그들은 배교자로서 샤리아에 의해 사형에 이를 수 있는 형벌과 핍박을 받을 수 있는 위협에 직면하게 된다.

샤리아의 발전과 특징

샤리아는 이슬람 문헌인 꾸란과 하디스(무함마드의 언행을 기록한 전승)의 해석과 논평 그리고 판례법에서 유래한 복잡한 법적 체계로 이루어져 있다. 이것은 무슬림이 정치적 권력을 쥐고 있던 상황에서 만들어졌다. 그래서 비무슬림의 통치 아래서 소수민족으로 살고 있는 무슬림을 위한 지침은 부족하다.

샤리아는 가능한 한 모든 인간 행동을 허용되는 것(할랄, halal)과 금지되는 것(하람, haram)으로 분류하여 상세하게 묘사하려고 시도한다. 의무, 추천, 중립, 불쾌, 금지와 같은 좋고 나쁨의 정도를 다양하게 세분화하고 있다. 경건한 삶, 예배, 정결, 결혼과 유산, 형사 범죄, 상업, 그리고 개인의 행동까지 모든 문제를 세세하게 규제하는 광대한 규칙 개론이다. 그것은 또한 이슬람 국가의 통치와 국외의 적뿐만 아니라, 국내 비무슬림과의 관계까지도 규정하고 있다.

샤리아는 4대 수니파 정통 법학파에 의해 발전하였고, 10세기 말에 이르러 체계적으로 정리되었다. 설립자의 연구들을 제자들이 이어받아 지속적으로 연구하였고, 몇 세기에 걸쳐 유명한 학자들이 폭넓게 수용된 몇 개의 안내 책자를 만들었다. 그들은 모든 세대를 위해 법에 관해 알아야 할 필요가 있는 모든 것을 집대성하였다.

법학자들은 오랜 역사를 지닌 판례, 안내 책자, 주석 등을 통해 걸러진 관련 있는 꾸란과 하디스 본문을 살펴봄으로써, 샤리아를 해석하고 적용한다. 오늘날 무슬림 법학자들은 종종 계시된 신법인 샤리아와 법학자가 샤리아를 해석한 피크흐(fiqh)를 구별한다.

19세기 이후, 샤리아를 현대에 적용하기 위해 진보적인 방향으로 개혁하려는 노력이 진행되어 왔다. 많은 개혁가들이 4대 법학파와 그 후의 전통의 권위를 격하시키고, 공동체의 선(마슬라하 maslaha)을 궁극적 지침으로 만들었다. 그들은 이성의 중요성을 강조하였고, 샤리아의 보편적 핵심가치(변하지 않고 영원한)와 사회적 관계를 다루는 더욱 큰 부분(새로운 상황에의 변화와 적응에 개방적인)을 구별하였다.

그러나 현재 무슬림 세계에서, 무슬림의 여론을 주도하는 사람은 전통주의자, 특히 샤리아에 대해 전통적 견해를 지지하는 이슬람주의자들이다. 이로 말미암아 진보적인 개혁가들은 주로 서구에서 생존을 유지하는 소수자가 되었다. 진보적인 개혁가들은 배교자와 이단자로 낙인찍히고, 이슬람주의자들과 전통주의자들에게 언어, 법률,

물리적인 공격을 받는 등 큰 압박에 시달리고 있다.

　무슬림들은 종종 샤리아가 만들어졌던 7~10세기의 표준에 의하면 꽤 온건하다고 주장한다. 그러나 그것은 그 이후 변하지 않은 채 내려왔기 때문에, 현대 서구의 기준과 비교하여 보면 극단적으로 엄격하다. 인권, 종교적 자유 그리고 법 앞에서 만민평등 등 많은 현대적 원리들이 침해당하고 있다. 샤리아는 본래적으로 다른 신앙으로 전향한 무슬림뿐만 아니라, 여자와 비무슬림 그리고 "이단적 무슬림"을 차별한다.

샤리아가 인간 권리와 양립할 수 없는 5개의 중요한 영역

· 후두드 처벌(Hudud punishment)
　알라 자신을 거역하는 것으로 규정된 몇 개의 범죄에 대해 샤리아가 묘사한 가혹한 처벌들이 있다. 이런 범죄에 대한 처벌들은 알라가 제정한 것으로 인간이 변경할 수 없다고 여겼다. 여기에는 간음에 대해 100번의 채찍질이나 돌로 쳐 죽이는 것, 간음에 대한 거짓 고소에 80번의 채찍질, 도둑질에 대한 사지 절단, 음주에 대한 40 혹은 80번의 채찍질, 노상강도에 대한 투옥, 절단, 혹은 사형(심각한 경우에는 십자가형), 이슬람 배교에 대한 사형 등이 포함된다.

많은 이슬람 학자들, 학원들, 대중 설교가들은 현대에 후두드 처벌을 적용하는 것을 두고서 진정한 이슬람 부흥을 나타내는 표지로 여겨서 그것의 적용을 지지한다.

· 유대인, 기독교인, 비무슬림인

종교에 기초한 차별은 샤리아에 있어 근본적인 것이다. 이슬람은 주도적이어야 하며, 오직 무슬림만 온전한 시민이며 따라서 무슬림만이 다른 모든 사람들보다 우월한 자로 대우받아야만 한다.

유대인과 기독교인은 딤미스(dhimmis〈문자적으로 "보호받는 백성" 즉 생명이 허용된 백성〉)로 규정되었다. 그러나 이슬람의 보호를 받기 위해서는 다음의 조건을 따라야만 한다. 이러한 조건에는 딤미스들은 무기를 지녀서는 안 되며, 사회에서 자신의 비천한 신분을 인식하고 있어야만 하며, 무슬림을 존경해야 하고, 특별 인두세(지즈야〈jizya〉, 무슬림 지역에 사는 비무슬림들이 내는 세금-역자 주〉)를 내야 할 뿐만 아니라, 거만하게 행동해서는 안 된다는 것이다. 수많은 사소한 샤리아들이 딤미스들을 일상생활에서 규제하기 위하여 그리고 굴욕감을 느끼게 하기 위해 사용된다.

비무슬림을 경멸하는 일반적인 태도들은 몇 백 년 동안 그와 같은 법들이 적용되어 오면서 형성되었는데, 이는 현대 무슬림 국가에서 헌법에 의해 모든 시민에게 평등한 권리가 보장된다고 말은 하고 있지만, 현실적으로는 무슬림들에 의해 수많은 방식으로 비무슬림들이 차별받는다는 것을 의미한다.

· 무슬림 이교도와 배교자

정통 이슬람에 의해 이단이라고 간주되는 가르침을 받아들인 무슬림들은 샤리아에 의해 이교도의 관습으로 되돌아갔기 때문에 사형 받을 만하다고 이해된다. 다른 종교로 전향하여(배교자) 반역자로 간주되는 무슬림들도 이와 동일하다. 샤리아의 모든 학파는 이슬람에서 돌아선 성인 남자배교자는 죽임을 당해야 한다는 데 동의한다. 심지어 사형선고가 수행되지 않은 곳에서조차, 그들의 결혼은 자동적으로 무효화되고, 추방, 상속권 박탈, 재산 압수, 협박, 구타, 고문, 투옥 같은 가혹한 처벌에 직면한다. 많은 진보적인 혹은 비종교적 무슬림들은 자신들이 종교 지도자나 호전적 이슬람 운동 단체들이 이단으로 보는 관점에 따라 배교자로 분류되는 위험에 처해 있음을 알게 되었다. 무슬림 이단 종파는 가혹하게 탄압된다.

• 성전(聖戰)-지하드

샤리아는 지하드를 가장 기본적인 종교 의무로 넣었다. 지하드는 물리적 전쟁으로 이해된다고 법규 목록으로 명백하게 지적하고 있다. 지하드의 개념과 연결되어 세계는 두 개의 적대 영역으로 나뉜다. 즉, 평화의 집(the House of Islam, 다르 알-이슬람〈Dar al-Islam〉)과 전쟁의 집(the House of War, 다르 알-하릅〈Dar al-Harb〉)이다. 무슬림들은 전쟁의 집(비무슬림들이 정치적으로 지배하고 있는 곳)을 평화의 집(정치적으로 무슬림들이 지배하는 곳)으로 바꾸는 지하드를 수행할 의무가 있다. 비록 어떤 현대 무슬림들은 지하드를 이렇게 공격적으로 이해하는 것을 거부하지만, 대부분의 무슬림들은 지하드가 모든 공격적인 방식을 통해서 무슬림의 영토와 무슬림들을 방어하는 의미를 포함하고 있다는 점에 동의한다. 이것은 무슬림과 관련하여 발생한 어떠한 형태의 갈등에 대해서도 방어적인 지하드로 해석할 수 있는 여지를 남겨준다. 이슬람 테러 조직들은 지하드에 대한 샤리아 규칙을 언급함으로써, 자신들의 잔악한 행위를 정당화한다.

• 여성의 위상

샤리아는 또한 성(性)에 기초한 차별을 하고 있다. 남성은 우월한 것으로 간주된다. 여성은 지능, 도덕, 종교에 있어 결함이 있는 자로 취급되고, 따라서 그들은 약하다는 이유로 보호받아야 한다. 샤리아 규칙은 의상과 행위에 있어서의 정숙과 이성과의 격리를 강요하고, 여성을 남자 친척들의 보호 아래에 있어야만 한다고 말한다. 여성은 태생적으로 많은 판례에서 남성보다 가치가 떨어진다. 남성은 최대 4명의 아내를 가지는 것이 허용되지만, 여성은 오로지 한 명의 남편만을 둘 수 있다. 남성은 아내와 쉽게 이혼할 수 있지만, 여성이 남편과 이혼하려면 큰 장애물과 맞닥뜨려야 한다. 딸은 아들의 절반만 상속받으며, 법정에서 여성의 증언은 남성 증인의 절반의 가치밖에 없다. 살인의 경우 여성에 대한 보상은 남성에 대한 보상보다 적다.

많은 무슬림 사회에서, 공직에서의 성(性)차별이 강요되고 조장되고 있다. 샤리아 법정은 종종 명백한 성 편견을 보여 준다. 이것은 성폭행 피해자를 불법적 성관계(지나〈zina〉) -투옥과 태형에서 돌로 쳐 죽이는 것까지 형벌이 있는 범죄- 로 고소하는 만연된 관행에서 찾아볼 수 있다. 그래서 피해자가 범죄자로 뒤바뀐다.

· 서구 국가에서 샤리아의 도전

샤리아 법을 수행하고 그 영향력을 확대하라는 무슬림 공동체의 지속적인 압력으로 인해 서구 사회는 도전에 직면하고 있다. 서구에 사는 많은 무슬림들에게 세속법은 특히 가족법 영역에 있어서는 그 정당성이 부족하다. 그들은 종교적 소수민으로서 샤리아를 포함하여 자신들의 관습과 법에 따르는 권리를 주장한다.

· 유사한 대안적 법적 구조의 창출

서구에 사는 많은 무슬림들은 이슬람 종교학자와 변호사들이 서비스를 제공하는 비공식적 고립 집단(enclave)을 형성하면서 가능한 한 샤리아의 규정에 따라 살려고 노력한다. 이것은 대안적인 샤리아 법정과 위원회라는 법적 구조를 창출하였다.

이슬람 기관의 유사한 네트워크가 강해질수록, 이것을 비무슬림 기관보다 더 선호하여 사용하라는 압력이 무슬림에게 더 많이 행사되었다. 일단 샤리아 대안이 활용되었다면, 무슬림이 그런 구체적인 상황에서 샤리아에 순종하는 것을 의무화하였다. 많은 무슬림 지도자들은 자신의 대안적인 샤리아 체제를 구축하는 반면에, 동시에 지속적으로 서구 사회, 기관, 법적 체제에 가능한 한 샤리아 개념과 모델에 익숙해지라는 압력을 주고 있다.

2008년 9월 바레인에서 4개의 샤리아 법정이 이미 일년 이상 기능하고 있었음이 드러났다. 그들은 자신들을 중재재판소로 분류함으로써, 자신들의 판정이 일반 법정

을 통해 집행될 수 있다는 것을 확신하고 있다.250)

· 결혼과 이혼

여성은 의심할 여지없이 샤리아 체제의 주된 피해자로 샤리아 법은 본래적으로 남편을 우선한다. 예를 들어, 교육을 잘 받은 무슬림조차도 보편적으로 영국 민사법에 따라 혼인 신고하는 것은 불필요하다고 생각한다. 어떤 이는 이슬람 결혼식이 영국법에 의해 인정되고 있다고 잘못 믿고 있다. 따라서 이혼의 경우 여성에게는 "동거인"(cohabitee)이란 훨씬 작은 법적 권리만 남는다.

· 아동 결혼

몇몇 무슬림 국가에서, 아동 결혼은 합법적이다. 많은 전통적인 무슬림에게 아동 결혼은 용납된다. 왜냐하면 무함마드가 총애하는 아내 아이샤(Aisha)와 결혼할 때 그녀는 6세였으며 그녀가 9세일 때 그 결혼을 완전하게 하였기 때문이다. 영국에서조차 아동 결혼이 가능하다.

· 일부다처제

샤리아 법에서 남자는 최대 4명의 아내까지 허용된다. 일부다처는 많은 무슬림 국가에서 허용되고 있지만, 서구 국가에서는 금지하고 있다. 이것은 서구에 거주하는 무슬림들이 이민을 오기 전에 혹은 그들의 "모국"을 방문하는 동안 다른 아내와 결혼한 경우 문제를 일으킨다.

· **여성성기절제**

여성성기절제(FGM: Female genital mutilation)는 몇몇 무슬림 국가 특히 이집트, 동아프리카, 예멘, 인도네시아에서 만연되어 있다. 어떤 이슬람 지도자들은 그것을 비무슬림적이라고 비난하지만, 많은 사람은 샤리아에 규정되어 있다고 믿는다. 또한 가장 중요한 가정의 명예가 달려 있는 여성의 순결을 간수하는 데 핵심적인 것이라고 믿고 있다.

1994년 이집트의 알 아자르 사원의 전 지도자(Sheikh)였던 자드 알-하끄 알리 자드 알 하끄(Jad al-Haqq 'AliJad Al-Haqq)는 할례는 남성뿐만 아니라 여성에게도 해당되는 이슬람 의무라고 규정했다. 영국에서는 1985년 발포된 여성할례금지법령(Prohibition of Female Circumcision Act)에 의거, 이것은 형사적 범죄이지만, 어느 때라도 절제를 당할 위험이 있는 연령대의 소녀가 영국에는 대략 7천 명에 달한다.

· **베일로 덮기**

샤리아에 여성이 대중 앞에서 얼마나 많이 드러낼 수 있는지에 관해 학파들마다 차이가 있다. 대부분의 전통적인 학자들은 여성의 얼굴은 드러낼 수 있다는 데 동의하지만, 소수의 학자들은 가려야 한다고 말한다. 그래서 그 지역에서 어느 학파를 따르느냐에 따라 관행이 다르다. 꾸란과 하디스는 여성에게 정숙한 의상을 강요하여 대중 앞에서는 몸을 가릴 것을 명령하고 있다.

서구에 사는 현대 무슬림 여성 중 어떤 이는 무슬림 정체성을 옹호하는 한 방법으로 가장 엄격한 해석을 채택하고 있다. 서구에 있는 무슬림 기관들은 그들의 사회를 이슬람화하기 위해 문제들을 교묘하게 다루고 있다. 안전과 테러 방지를 위해 얼굴을 완전히 가리는 것의 문제는 명백하다.

· 할랄 상품들

샤리아에 따르면, 돼지고기, 알코올 같은 특정 음식들은 무슬림들에게 금지되어 있다. 샤리아는 또한 동물들의 목을 쪼개고 피를 빼는 것을 포함한 종교의식에서 반드시 무슬림에 의해 동물들이 도살되어야 한다고 규정하고 있다. 도살 이전에 동물을 기절하게 하는 것을 금지하고 있다. 이런 유형의 도살로 만든 고기만 소비가 허용(할랄)된다. 할랄 식품은 학교, 병원, 교도소 같은 영국의 많은 공공기관에서 제공되고 있다. 이런 경향은 이슬람화 과정의 한 부분이라 할 수 있다. 이럼으로써 비무슬림들은 마침

내 이슬람 규칙에 따라 살게 된다.

비록 꾸란은 구체적으로 돼지고기와 알코올만 금지했지만, 미국이슬람식품및영양위원회(Islamic Food and Nutrition Council of America)는 샤리아 요구를 만족시키는 식품, 음료 그리고 301가지 상품들이 포함되어 있는 화장품 등 36가지 다른 종류의 목록을 만들었는데 여기에는 이런 상품들은 금지된 내용물이 들어가서는 안 되며, 이슬람 지침에 따라 만들어져야 한다.

· 서구의 무슬림 소수민의 존재를 허용하기 위해 사용된 샤리아 원리

세계를 평화의 집(House of Islam)과 전쟁의 집(House of War)으로 나누는 전통적 분리에서, 무슬림 학자들은 비무슬림의 통치를 받는 무슬림들은 자신들이 샤리아에 따라 사는 것이 훨씬 용이해지도록 무슬림 국가로 역이민해야 한다고 권면하였다. 오늘날 대부분의 학자들은 비무슬림의 통치 아래 서구에서 사는 무슬림들의 타당성을 받아들이지만 이런 상황의 합법적인 정당성과 함의들을 고민하고 있다.

서구의 어떤 무슬림 지도자들은 그 나라의 법이 샤리아

와 모순되지 않는다는 조건으로 그 법을 지킨다. 어떤 현대주의 학자들은 서구 국가를 "평화의 집"으로 재정의하려고 했지만 이것은 대부분의 무슬림에 의해 강한 반발에 부딪혔다. 다른 이들은 서구에 살면서 비-샤리아 규범을 준수하고 있는 무슬림들을 정당화하기 위해 서구 국가를 "안전의 집"(House of Security(다르 알-아만, Dar al-Aman) 혹은 "언약의 집"(House of Covenant(다르 알-아흐드, Dar al-'Ahd)으로 정의하는 개념을 발전시켰다.

많은 무슬림 학자들은 서구의 법 체제를 준수하고 서구 국가에 충성하는 것을 포함하여 서구 규범에 순응하는 서구의 무슬림 소수민을 정당화하기 위해 샤리아의 다루라(Darura, 위장) 원리를 사용한다. 다루라는 무슬림의 생명과 복지를 위협하는 위급 상황에서, 불법적인 것이 합법적인 것이 되며(불가피성이 금지를 해제한다), 비무슬림 국가에 사는 무슬림들이 그 나라의 법과 갈등을 빚는 샤리아 규칙을 무시하는 것을 허용한다.

이 외에 사용되는 합법적 원리에는 공익(마슬라하⟨maslaha⟩) 개념과 자기 학파의 법에 따라 제한시키기보다 아무 학파든지 적절한 규칙을 사용하라는 허용이 포함된다. 이런 것들이 온건한 무슬림들이 비무슬림 국가에서 자신들의 삶을 정당화하는 데 유용한 원리들인 반면에,

일반적으로 일시적이며 무슬림이 약한 경우에만 적용 가능한 것으로 간주된다. 모든 선한 무슬림은 이런 이상적이지 않은 상황을 무슬림의 정치적 지배와 샤리아 통치라는 이상적인 상황으로 바꾸기 위해 분투해야 한다는 사실을 함의하고 있다.

부록 6
'수쿠크 규제를 위한 입법체계 자문결과보고서'에 관한 CCFON과 CLC의 입장

안드레 미니치에로 윌리엄스 박사(Dr. Andrea Minichiello Williams)

■ 영국 정부가 받은 입법자문[251]에 대한 CCFON & CLC의 입장[252]

본 문서는 이집트 이슬람 지도자였다가 기독교로 개종한 샤리아 전문가 샘 솔로몬 박사(Dr. Sam Solomon)의 자문을 받아 CCFON 대표 안드레 미니치에로 윌리엄스 박사가 작성하였다.

영국 재무성[253]과 금융감독청(FSA)[254]은 "수쿠크

(Sukuk)[255] 규제"와 같은 중대 사안에 대해서 그 내용을 국민들에게 홍보하고, 도입여부에 관한 결정에 국민들의 참여를 유도하기 위해 수쿠크에 관한 상세 정보를 제공할 의무가 있다. 하지만 영국 정부는 이슬람 금융에 대해 잘못된 인식을 가지고 있다.

■ 영국 정부의 잘못된 인식들

수쿠크에 관한 영국 재무성의 간행문서들을 살펴보면, 영국 정부가 "샤리아에 적합한 금융(Shariah Compliant Finance, 이하 SCF)"의 유래나 목적 그리고 그것의 도입이 초래하게 될 결과에 대해 놀랄 만큼 순진한 생각을 가지고 있다는 점을 알 수 있다.

오히려 영국 정부는 이슬람 금융이 '윤리적'일 수 있다는 견해를 가지고 있다. 뿐만 아니라 온건한 무슬림들을 금융에 활발하게 참여시키기 위해서 이슬람 금융이 필요하다고 주장한다. 그러나 이슬람 금융에 대한 영국 정부의 이와 같은 이해는 바르지 않다.

초기 이슬람 율법에는 이슬람식 금융이나 은행에 대한 언급이 전혀 없다. 그래서 많은 이슬람 학자들은 근대 이슬람 은행업에 관한 여러 가지 개념들을 일종의 혁신으로 받아들인다. SCF는 1920년대 "무슬림 형제단"[256]이라고 불리는 이슬람 테러 조직의 창시자인 하산 알-반나(Hasan al-Banna)에 의해 고안되었다. 그리고 SCF가 1960년대 중동의 여러 은행들이 생겨나면서 최초로 실현되었다는 점을 반드시 주목해야만 한다.

■ 이자에 대한 샤리아의 금지는 환상이다

"이자 금지"는 꾸란에 있는 "고리대금 금지"에 대한 근본주의자들의 해석일 뿐이다.(꾸란 2:275, 276, 278)[257]

영국 정부에 의해 도입된 SCF 상품의 구조를 연구해보면, 이슬람 금융상품이 실제로는 이자를 금지하고 있지 않다는 사실을 명백히 알 수 있다. 사실 SCF 거래의 상당한 부분에 이자가 이미 포함되어 있다. 단지 "임대료(rent)", "이윤(mark-up)", "추가 지불금(additional payments)" 등과 같은 단어 뒤에 숨겨져 있을 뿐이다. 영국 재무성 간행문서들과 법령 초안들을 검토해보면, 수쿠크가 일반적으로 이자 지불을 분명히 인정하고 있다는 점을 확인할 수 있다.[258]

영국 정부는 "영국국민저축연합회(National Savings & Investments, 이하 NS&I)"에 정부 당국이 "이슬람 소매금융상품들(retail Islamic financial products)의 발행자(Issuer)

가 될 수 있을지"에 대하여 자문을 요청하였다. 그러나 "파트와259)선포 상임위원회 (the Standing Committee on Academic Research and Issuing Fatwas, SCARIF)"는 "파트와 2143"260)에서 이미 채권들(Bonds)이 비(非)이슬람적이라고 선포하였다. 만약 NS&I가 무라바하261)등의 이슬람 소매금융상품들을 도입하였다면, 그 이슬람 소매금융상품들은 "파트와 36408"262)에 의해 비(非)이슬람적이라고 선포되었을 것이다.

따라서 SCF의 위험성은 더욱 명백해졌다. 일부 샤리아 학자들이 수쿠크와 무라바하 계약을 승인할 때, 다른 샤리아 학자들은 그것을 하람(Haram, 금지)으로 규정할 수 있다. 이와 같이 샤리아 학자들 간의 해석 불일치로 인해 얼마나 많은 무슬림들이 SCF에 투자할 것인지를 전혀 예측할 수 없게 되는 것이다.

영국 정부의 금융자문기관들은 "이슬람금융기관(Islamic Financial Institutions, IFIs)"들이 이자 운용방식의 차이 때문에 일반 투자자들에게 접근하는 것이 어렵다고 몇 차례나 발표하였다. 실제로 수백만 명의 무슬림들조차도 이자를 자유롭게 취급하는 일반 금융체계들을 오랫동안 이용해왔다. 결국 이자 금지에 관해 진행 중인 논쟁들은 단지 샤리아 학자들 간에 이루어지는 것일 뿐이다. 이자 금지가 이슬람 교리 안에서 명백하고 논란의 여지가 없는 것이어서, 이자를 지불했던 사람들에게 그 이자를 되돌려 주거나, 이자를 전혀 부과하지 않는 일이 무슬림들 사이에서 과연 현실적으로 일어날 수 있겠는가?

요컨대 이슬람 금융은 겉으로는 이자 금지라고 말하면서도 이자를 감추고 그것을 다른 이름으로 부르기 위해 복잡한 금융시스템을 개발한 것에 불과한 것이다. 이자 금지는 단지 이슬람 금융이 추구하는 목적을 더욱 효과적으로 달성하기 위해 도입된 명분에 지나지 않는다. 즉 이자 금지는 이슬람 금융을 기존의 일반 금융(conventional finance)으로부터 분리시키기 위한 장치이다.

이슬람 금융 전문가인 패트릭 숙데오 박사(Ph. D Patrick Sookhdeo)가 《샤리아 금융의 이해》[263]라는 이 책에서 언급하였듯이, 이슬람 금융은 서구 자본시장을 잠식하여 세계를 이슬람화 하려는 금융 지하드(jihad bi al mal)를 실행하기 위해 개발되었다. 뿐만 아니라 자카트(Zakat)[264]는 테러리즘을 지지하는 단체들에게로 흘러들어간다. (이것은 알라를 위한 전쟁을 수행하는 자들의 지원을 위해 자카트의 일부를 할당하도록 한 꾸란의 지시에서 유래했다. 꾸란 9:60)[265] 이슬람 금융이 테러리스트 조직들에게 실질적인 자금공급원임이 밝혀졌다. SCF의 도입은 지하드를 명령하는 샤리아에 대해 서구 국가들이 자신들의 신용을 빌려주는 어리석은 행동이다. (꾸란 2:216, 61:10~11)[266]

이슬람 금융의 운용은 지하드 수행과 관련하여 이해할 수 있다. 왜냐하면 각 금융기관들 내에 SCF상품들을 승인하는 "샤리아 감독 위원회(Shari''ah Supervisory Boards, SSBs)"라는 권력기구가 있기 때문이다. 이슬람 금융은 금융계를 장악하여 금융과 사법 제도 안에서 정치적 거점을 확보하는 것을 궁극적 목적으로 하는 지하드의 한 형태이다.

그러므로 이슬람 금융이 온건한 무슬림들에게 일반 금융제도에 참여하는 기회를 제공할 것이라고 본 영국 재무성과 금융감독청(FSA)의 가정은 치명적인 오류이다. 만약 영국 정부가 이슬람 금융을 받아들인다면, 급진적인 무슬림들은 온건한 무슬림들이 이슬람 금융에만 투자하도록 압력을 넣을 것이다.

■ **샤리아: 무슬림들은 비무슬림들에게 정직할 필요가 없다**

샤리아는 할랄(Halal, 허용)과 하람(Haram, 금지) 개념의 핵심이 되는 이슬람 종교법이다. 그렇다면 누가 할랄과 하람을 결정하는가? "파트와 3922"[267]는 알라만이 그것에 대해 결정권을 가진다고 선포하고 있다.

샤리아에 따르면, 할랄과 하람 개념은 투자 상품과 산업의 영역에만 적용되는 것이 아니다. 그것은 무슬림들의 삶 전체 영역에 적용된다. 따라서 샤리아가 통상 분야나 금융거래에만 국한되지 않는다는 점을 명심해야 한다. 무슬림들은 오직 무슬림들과만 교제할 수 있다. 이슬람의 목적 달성에 필요한 비(非)무슬림과의 교제를 제외한 모든 비(非)무슬림과의 교제를 금지된다.

비(非)무슬림들의 권위를 인정하지 않는 것과 마찬가지로 비(非)무슬림들에게 재물을 맡기는 것이나, 타종교와 예배 시설을 공유하는 것은 허용되지 않는다.

무슬림 고객들과 그들의 경제적 이익을 위해 SCF를 옹호하는 것은 위험한 일이다. 겉으로 보이는 이익은 단기간에만 유효할 뿐이며, SCF가 초래하는 제반 비용들은 오히려 그러한 단기적인 이익을 훨씬 초과하게 된다.

예를 들어 영국 재무성이 수쿠크 발행을 통해 시중 유동성을 증가시키려 할 경우, 이것은 수쿠크 발행에 따른 제반 비용증가라는 문제를 야기하게 된다. 또한 이슬람이 영국 정부의 채권자가 되기 때문에, 영국 정부가 소유한 자산에 대해 이슬람이 영향력을 행사하는 결정적인 문제가 발생한다. 뿐만 아니라 시중 자금의 장기적인 유동성 부족 문제를 해결하기 위해 이슬람 자본을 도입한다 하더라도, 단기적으로 증가된 자금이 비유동성 자산에 묶이는 결과를 초래한다. 왜냐하면 이슬람 금융은 실물에 기초한 금융거래만을 허용하기 때문이다. 따라서 이슬람 금융을 통해서는 영국 정부가 의도한 "시중 유동성 증가"라는 목적은 달성될 수 없다. 결론적으로 말해서 이슬람 금융은 시중 유동성 증가에 적합하지 않다.

■ **영국 재무성은 이전의 조언들에 대해 귀 기울여서는 안 된다**

영국 정부당국은 자칭 신중하면서도 탁월하다고 주장하는 금융자문기관들이 해준 이전의 조언을 배제해야 한다. 우리는 금융자문기관들의 리스트를 신중하게 검토해 볼 필요가 있다. 리먼 브러더스는 파산하였고, HSBC[268]는 증자를 통한 자금 조달에 필사적이다. 스코틀랜드 왕립은행(RBS)은 부분적으로 국유화되었으며, 부실한 은행 관리로 인해 위기에 직면해 있다. 스위스 연방은행(UBS)은 어려움을 겪고 있다. 바클레이즈 은행(Barclays)은 만약 걸프만으로부터 자금을 조달하지 못한다면, 구제 금융을 받아야만 할 것이다.

위에서 언급된 금융기관들의 사례에 비추어 보아 영국 정부당국은 이러한 금융 자문기관들의 조언과 예측들을 무시하는 것이 더 적절할 것이다. 이렇듯 이슬람 금융을 지지했던 이전의 금융자문기관들의 판단은 신뢰할 수 없으며, 시스템 리스크(Systemic Risk)269)가 영국의 금융기관들을 위협하지 못하도록 해야만 한다.

영국 정부당국은 SCF를 순수한 금융문제로만 이해하고 있다. 그것이 서구의 인권개념에 맞지 않는 태형, 부당한 여성대우, 투석형 등과 같은 것과 관련이 있다고는 생각하지 못하는 것 같다. 또한 영국 정부는 투자자들이 그들의 종교와 관계없이 수쿠크를 받아들일 수 있을 것이라고 생각한다.

이것은 다음과 같은 이유들로 인해 사실이 아니다.

1. 샤리아는 신성하게 제정되었고(divinely ordained), 변하지 않으며(immutable), 불가분리적(indivisible)이라고 선포된다.
2. 이슬람식 투자는 할랄과 하람에 따른 산업들에만 가능하다.
3. 이슬람 투자자들은 그들 이익의 일부를 이슬람 자선단체에 기부해야만 한다.
4. 이슬람 금융은 오직 고위 성직자들인 샤리아 율법학자들에 의해서만 승인될 수 있다.

5. 이슬람 금융에는 이슬람 종교가 깊이 배어 있다.

■ 비무슬림들과의 관계들

무슬림들은 비무슬림들과의 관계에서 항상 상대방이 가진 관점에 주의를 기울이고, 그것에 대해 심각히 우려해야만 한다는 의무를 가지고 있다. 이것은 충성과 배제의 원칙(Al wala wa al Baraa)인데, 이는 동화되고 평화적인 공존 대신에 분리와 구분을 가르친다.

■ 충성과 배제의 원칙

알바라(Alwala)는 암묵적으로 무슬림들과의 충성, 충직, 친밀, 밀접함, 단결, 협동이라는 분명한 의미를 가진다. (꾸란 49:10, 8:72)[270] 바라(Baraa)는 부인하고, 비난한다는 뜻이다. 이는 모든 비(非)이슬람 관습과 가르침, 관례, 전통, 향연들을 배제하고, 혐오하고, 비난하고, 개탄하고, 혹평하고, 힐난하여 모든 비(非)무슬림의 유산과 생활양식을 죄악으로 가득차서 견딜 수 없는 것으로 취급하라는 뜻이다.

이는 일반적으로 모든 비(非)무슬림들에 대해서 혐오감과 적의를 갖는다는 것을 의미하며, 특별히 유대인들과 기독교인들에 대해서 그러하다. 이러한 혐오와 적의는 모든 무슬림들의 의무사항이다. 모든 무슬림 학자들은, 그들의 알라를 숭배하기 위해 카피르(kaafir, 불신앙자들)에 대한 적의가 필연적이며, 선택의 여지가 없다고 주장한다. 이는 무슬림들에게 기도, 금식의 의무와 같은 알라에 의해 부과된 의무이다.

이것은 시아파교도들의 타키야[271](taqiyya)라고 알려진 속이는 교리와, 수니파 무슬림의 무다라트(Muda'rat, 불리함, 손해, 상해, 실패)에 의해 더욱 복잡한 양상을 보이게 된다. 덧붙여 그것은 이슬람이 가진 절대적으로 우월한 교리이며, 이슬람의 어떠한 것도 이 교리를 초월할 수 없다. 이슬람은 무슬림들에게 알라를 위한 세계 정복의 의무를 가르친다. 이를 위해서 이슬람 종교를 강요하는 것이 중요하다. 이슬람 금융은 이러한 계획의 한 부분이며, "금융활동을 통한 지하드(jihad bi al mal)"라고 알려져 있다.

영국 정부에 의한 샤리아 금융의 승인은 샤리아에게 영국법보다 우월한 지위를 주는 항복문서를 의미한다. 이슬람 금융의 샤리아 학자에게 부여된 권한과 정부당국에 자문할 샤리아 학자들에 대한 임명을 발표한 계획들은 가장 심각한 우려사항이다.

영국 정부당국은 "수쿠크의 발행이 샤리아가 영국 법

으로 편입되는 것을 의미하지는 않는다"272)라고 주장한다. 하지만 영국 정부당국은 SCF상품들이 영국법이 아닌 샤리아에 의해서 관리된다는 것과 영국의 사법권 안으로 사실상 샤리아가 도입되어 지배권을 행사한다는 것을 인식하는 일에 실패했다. 흥미롭게도 유럽인권재판소273)는 샤리아가 민주주의 및 인권과는 양립할 수 없다고 승인했다.274) 그 결과 유럽인권재판소는 터키 헌법재판소가 내린 레파당(Refah, 현 집권당인 정의개발당 AKP의 전신)의 해산결정을 확정짓는 판결을 내렸다.275)

만약 영국이 자유 민주주의 국가로 남아 있으려면, 영국의 헌법에 부합하지 않는 외부 권력에 주권이 양도되는 것은 결단코 피해야만 한다. 샤리아 감독 위원회(SSBs)의 지배권이 순수하게 금융문제에만 한정된다 할지라도, 이슬람의 기본 교리는 무슬림들의 충성이 이슬람과 움마(Ummah, 이슬람 공동체)에게로 향하지, 영국과 같은 비무슬림 국가로 향하지는 않는다고 가르친다.

이슬람 교리 중에 움마가 모든 재산을 소유하고, 한 번 이슬람화 된 재물이나 자산은 이슬람의 것이어야만 한다는 것이 있다. 이에 따라 만약 투자자들이 그들이 투자한 자산의 반환이나, 그들의 투자금에 대한 추가적 지불액을 요구할 때, 이러한 이슬람 교리에 따라 샤리아 감독 위원회(SSBs)가 투자자들에게 이슬람에 대한 충성을 맹세해야만 그들의 요구가 수용될 것이라는 명령을 내릴 수도 있다.

일정한 권한이 금융업계의 샤리아 감독 위원회(SSBs)에 주어졌고, 이러한 불합리한 상황을 영국 정부가 얼마나 개선할 수 있을지 모르겠다. 그러므로 영국 정부가 샤리아 학자들을 이슬람 금융자문위원으로 임명하려는 것은 더욱 우려되는 부분이다.276)

영국 정부당국은 SCF상품들이 소비자 보호(consumer protection) 등의 측면에서 기존 금융 상품들과 같은 수준으로 규제되며, 또한 유동성 관리를 위해서 이슬람 은행들도 기존 은행들과 동등한 규제대상이라고 밝혔다. 그리고 이슬람 금융에도 영국 정부당국의 규제 정책277)을 적용시키기 원했다. 이러한 정책은 핵심적으로 이슬람 금융이 기존 금융과 유사하다는 가정에 근거하고 있다. 다시 말해서 정책적 개선작업을 조금만 해도 이슬람 금융과 일반 금융이 유사해질 수 있다고 본다. 그러나 이러한 정부의 가정들은 아래의 이유 때문에 더 이상 유효할 수 없다.

1. 샤리아는 자본이나 투자금의 반환에 대해 어떠한 확실한 보장도 허락하지 않기 때문에 고객들의 투자금이 손

실될 수도 있는 커다란 위험을 가지고 있다. 왜냐하면 고객의 투자금으로 구매한 수쿠크가 어떠한 이윤도 만들어 내지 못하고, 그 자체로 가치가 떨어질 수도 있기 때문이다.

　2. 정부당국은 많은 경우에 있어서 수쿠크의 법률상 구조와 위험성이 일반 금융상품들과 다를 수 있으며, 그런 위험성들이 객관적인 확실성을 가지고 있지 않다는 점을 인정했다.

　3. 영국 정부당국은 샤리아 리스크라는 기존 채권과 수쿠크를 혼합투자 할 때에 발생하는 추가적 리스크가 어떠한 조치를 통해서도 충분하게 완화될 수 없다는 사실을 확인했다. 이는 고객들에게 SCF상품들을 수용할 수 없게 하거나, 그 법적 효력을 잃도록 할 것이다.

　4. 영국 정부당국은 타키야 교리로 인해 투자자들에게 부정적 영향력이 미칠 수 있다는 점을 간과하고 있다. (이슬람에 충성하는 무슬림들은 금융을 정직하고 투명하게 운영하지 않을 수 있을 뿐만 아니라, 안전한 투자를 하지 않거나 고객의 비밀을 유출할 수도 있다.) 그리고 영국 정부당국은 샤리아 학자들이 비무슬림이 아닌 무슬림들을 위해서만 행동해야 할 의무가 있다는 것을 인식해야만 한다.

5. 영국 정부당국자들은 SCF상품들의 표준화 결여로 인해, 이슬람 금융과 그 기관들 그리고 투자자들의 자본 수익성과 안정성에 불확실성이 있음을 인지하지 못하고 있다.

6. 영국 정부당국자들은 주어진 사례나 분쟁 조정에 대해서 샤리아 감독 위원회(SSBs)가 어떠한 결정을 내릴 것인지를 정확하게 예측할 수 없다. 샤리아 감독 위원회(SSBs)는 그들의 결정에 대해 영국의 어떠한 기관에도 해명할 의무가 없다. 이와 같이 권한이 양도된 상황에서 영국 정부당국자들은 이슬람 금융을 어떠한 기준으로도 규제할 수 없다.

7. 이슬람의 기본 교리는 샤리아가 최고 권위를 가진다고 가르친다. 그러므로 샤리아 감독 위원회(SSBs)가 영국 재무성이나 금융감독청(FSA)의 권위를 인정하리라고 가정할 수 있는 아무런 근거도 없다.

8. 샤리아 감독 위원들의 결정들은 공개되지 않기 때문에 그러한 결정들을 자세하게 조사할 수가 없다. 결과적으로 영국 재무성이나 금융감독청(FSA)은 자카트가 어디로 송금되었으며, 하왈라(hawala, 이슬람 전통 송금방식)딜러들을 통해 테러리스트 조직에게 송금되었는지 아닌지를 아

는 것이 불가능하다. 이것은 '역 돈세탁 reverse money laundering'이라고 알려져 있다.

9. 영국 정부당국자들은 "파트와 10646"[278]와 같이 실물자산들이 당국자의 직접적인 관리 아래에 있지 않을 때, 자산에 기반을 둔 채권이 얼마나 취약하며, 그것으로 인해 증대되는 불확실성에 대해서 충분히 주의를 기울이지 않고 있다.

마지막으로, HSBC의 샤리아 전문가인 쉐이크 니잠 야쿠비(Sheikh Nizam Yaquby)[279]가 "이슬람화의 착수와 유지를 위한 연구"[280] 논문의 초록에서 표현한 바에 따르면, 영국의 이슬람화가 샤리아 감독 위원회(SSBs) 구성원들의 궁극적 목표이다.

이러한 신종 채권의 도입에서 가장 심각한 결함은 수쿠크가 경제적 관점에서 채무증서(debt securities)와 유사하나, 아직 법에서는 간접투자(Collective Investment Scheme, 이하 CIS)[281]라고 여겨지지 않는 것 같다는 점이다.

이것은 구조상 일반적으로 CIS의 엄격한 규제 통치가 요구되는 이러한 상품들에 대해 차별 철폐 조치를 인정해야만 하는 아주 기묘한 상황이 발생하는 것이다.

다시 말해서 같은 형태임에도 수쿠크에는 적용되지 않으나, 기존의 CIS에는 더욱 엄격한 규제를 요구하는 비논리적인 결과가 생겨나는 것이다.

이는 상업상의 공평한 경쟁의 장을 만드는 대신에 영국 정부당국자들이 샤리아가 다른 CIS에 대해 특혜를 누리는 것을 허락하기 위해 자체 규제들 가운데 틈새를 만들 의도가 있는 것처럼 보인다.

수쿠크 등의 SCF상품들이 영국 법에 의해 적법하게 규제되기 위해서는 파트와 선포 상임위원회(SCARIF)는 이와 관련된 모든 파트와를 폐기해야 한다. 그리고 영란은행(the Bank of England)[282], 재무성, 금융감독청(FSA)이 샤리아 감독 위원회(SSBs)를 통제한다는 파트와를 선언해야만 할 것이나.

추천문헌 · 미주 · 용어사전

[추천 문헌]

1. Doi, 'Abdur Rahman, *Shari'ah: The Islamic Law*. Kuala Lumpur: A.S.Noordeen, 1984.
2. Al-Qaradawi, Yusuf, *The Lawful and the Prohibited in Islam*. Indianapolis, Indiana: American Trust Publications, no date.
3. *Shari'a and Muslims in the West*, Barnabas Fund, 2007.

[미주]

1) Brian Hanny, "Shaʻri a and the City," accountancy magazine, May 2008, pp. 23-24.

2) "Qatar Islamic Expects UK Bank License in Weeks," Asharq al-Awsat, November 25. 2007, http://www.asharqe.com/news.asp?section=6&id=10983.

3) Ali Parsa, "Sharia property investment: developing an international strategy." London: Royal Institution of Chartered Surveyors, 2005.

4) Natasha De Teran, "Islamic Finance in London: The City Makes a Head Start for Hub Status," *The Banker*, September 1, 2007, http://www.accessmylibrary.com/coms2/summary_0286-32852686_ITM(viewed 29 October 2007).

5) Dogu Ergil, "Is there an Islamic economy?" Todays Zaman, October 17, 2007, http://www.todayszaman.com/tz-web/ yazarDetay.do?haberno=124757(viewed October 26, 2007)

6) Tina Nielsen, "Banking on Islamic Finance", Director, April 2008.

7) 예를 들어," Subsection 4: Economically [The Economic Organization] of section Five: Comprehensive Settlement

Organization" in *An Explanatory Memorandum on the General Strategic Goal for the Group In North America 5/22/1991*, http://www. investigativeproject.org/documents/misc/20.pdf.를 참고하라. 관련항목 "Articles of Agreement" of the Islamic Development Bank, http://www.isdb.org/irj/portal/anonymous?NavigationTarget=navurl://a9ce 3372c713aae67502ee72086da289.

8) Zamir Iqbal & Abbas Mirakhor, *An Introduction To Islamic Finance: Theory and And Practice*. London: John Wiley & Sons, 2007, p.17. Quoted in "Islamic Finance: Origins, Emergence, and Future," *The Illinois Business Law Journal*, 18 September 2007, http://ibisjournal.typepad.com/Illinois_business_law_Soc/2007/09/Islamic-finance.html(viewed June 10. 2008).

9) Caroline B. Glick, "Shariah-friendly investments," *Jewish World Review*, October 23, 2007.

10) Ergil, "Is there an Islamic economy?"

11) 하디스(Hadith)는 무함마드와 그의 초기 추종자들의 말과 행동을 기록한 문서들을 가리킨다. 하디스 중에서 어떤 것은 다른 것보다 더욱 확실하고 신뢰할 만한 것으로 여겨지기도 하지만, 일반적으로 무슬림들의 안내서로서 중요도는 꾸란에 이어 두 번째인 것으로 생각한다.

12) Nes' et Cagatay, "Riba and Interest Concept and Banking

in the Ottoman Empire," Studia Islamica, No. 32, 1970, p. 57

13) Mustafa Cagatay, "Is capitalism compatible with Islam?" *The Turkish Daily News*, February 19, 2007.

14) Akyol, "Is capitalism compatible with Islam?"

15) M. Siddieq Noorzoy, "Islamic Laws on riba (Interest) and Their Economic Implication," International Journal of Middle East Studies, Vol. 14: No.1, February 1982, p. 8

16) Nes'et Cagatay, p.63, citing Kapu Kulu Ocalari by Ismail Hakki Uzuncarsili, 1, p. 254

17) Mastafa Akyol," Is capitalism compatible with Islam?"

18) Ibrahim Halebi, Multaka al Abhur. Transl. M. Mevkufati. 1890; Mehmet b. Hurmuz(alias Mullah Husrav), Tarcama-I Durar. 1842. These are Fiqh books used as text books in Ottoman *madrasa*. These texts discuss *riba*.

19) Nes' et Cagatay, "Riba and Interest Concept and Banking in the Ottoman Empire," p. 56.

20) Nes' et Cagatay, "Riba and Interest Concept and Banking in the Ottoman Empire," p. 58.

21) Fatawa' i Fayzia, 1, p. 43, cited in Nes' et Cagatay.

22) Nes' et Cagatay, "Riba and Interest Concept and Banking in the Ottoman Empire," p. 65.

23) Nes' et Cagatay, "Riba and Interest Concept and Banking in the Ottoman Empire," p. 68.

24) Timur Kuran, *Islam & Mammon: The Economic Predicaments of Islamism*. Princeton, NJ: Princeton University Press, 2004, pp. 2-3, 38, 84-89.

25) Abul A' la Mawdudi, *Jihad fi Sabilillah*. Transl. by Prof. Khurshid Ahmad. Edited by Huda Khattab. Birmingham UKIM Dawah Centre, 1997, ch4.

26) Hassan Al-Banna, *Five Tracts of Hassan al-Banna (1906~1949)*: A Selection From the Majmu at Rasa' il al-Imam al-Shahid. Berkeley, CA: University of California Press, 1978, pp. 24, 71-72

27) Khurram Murad, "Introduction," in Abul A la Mawdudi, *The Islamic Movement: Dymanics of Values, Power and Change*. Leicester: The Islamic Foundation, 1984, pp. 11-12

28) Ism ail Raji al-Faruqi, *Islam*. Beltsville, MD: Amana Publications, 1985, p. 65

29) Khurshid Ahmad, "Introduction" in Khurshid Ahmad ed., *Studies in Islamic Economics*. Leicester: The Islamic Foundation, 1980, ppxiii-xiv.

30) Khurshid Ahmad, "Economic Development in an Islamic Framework," in Khurshid Ahmad(ed.), Studies in Islamic

Economics, pp. 182, 188.

31) Translated from the Arabic. See http://www.elaph.com/elaphWeb/politics/2008/1/294647.htm.

32) Dr. Muhammad Mushin Khan and Dr. Muhammad Taqi-ud-Din Al-Hilali, *Interpretation of the Meanings of the Noble Quran in the English Language*, revised edition. Riyadh: Darussalam Pulishers and Distributors, February 2001.

33) Khan and Al-Hilali, *Interpretation of the Meanings of the Noble Qur'an in the English Language*.

34) Nes' et Cagatay, "Riba and Interest Concept and Banking in the Ottoman Empire," p.54; Timur Kuran, "Interest," in John L. Esposito (ed.), *The Oxford Encyclopedia of the Modern Islamic World*, Vol. 2. New York: Oxford University Press, 1995, pp. 205-207.

35) Timur Kuran, *Islam & Mammon: The Economic Predicaments of Islamism*, pp. 14-16.

36) A. Yusuf Ali, *The Holy Quran : Text, Translation and Commentary*. Leicester: The Islamic Foundation, 1975.

37) Note 324 to Q 2:275, A. Yusuf Ali, *The Holy Qur'an : Text, Translation and Commentary*. p. 111.

38) "Islamic institute blesses interest," BBC News, November 18, 2002.

39) Ibrahim Warde, *Islamic Finance in the Global Economy*. Edinburgh: Edinburgh University Press, 2001, pp. 56-57. See also Timur Kuran, " Interest."
40) Ibrahim Warde, *Islamic Finance in the Global Economy*, pp. 56-58.
41) Mohammed Khalil, "Q & A with the Grand Mufti of Egypt,"Asharq Alawsat, July 14, 2007.
42) "Sheikh Alazhar: The banks' interest rate is lawful according to the Islamic law," *Alaswaq*, October 2, 2007, http://www.alaswaq.net/articles/2007/10/02/11204.html(viewed October 26, 2007).
43) Timur Kuran, " Interest,"pp. 205-207.
44) Dr. Muhammad Saleem, *Islamic Banking : A Charade; Call For Enlightenment*. Booksturge, LLC, 2006, pl.
45) M. Siddieq Noorzoy, "Islamic Laws on Riba(Interest) and their Economic Implications," *International Journal of Middly East Studies*, Vol. 14: Issue 1, 1982, pp. 3-17.
46) Seyyed Vali Reza Nasr, " Islamic Economic: Novel Perspectives,"in Tim Niblock & Rodney Wilson (eds.), *The Political Economy of the Middle East, Volume Ⅲ: Islamic Economics*. Cheltenham & Northampton, MA: Edward Elgar Publishing, pp. 205-219.
47) Mohamed Ariff, " Islamic Banking," *Asian-Pacific*

Economic Literature, Vol. 2: No. 2, September 1988, pp. 46-62.

48) Mahmoud Amin El-Gamal, "Overview of Islamic Finance," US Department of the Treasury, Office of International Affairs, Occasional paper No. 4, August 2006.

49) Seyyed Vali Reza Nasr, "Islamic Economic: Novel Perspective."

50) Clemet M. Henry and Rodney Wilson(eds.), *The politics of Islamic Finance*. Edinburgh: Edinburgh University Press, 2004, p.8.

51) Resolutions of the Securities Commission Shariah Advisory Council, 2nd ed. Kuala Lumpur: Securities Commission, 2007, pp. 96-98.

52) Galal Fakkar, "Plans to Establish World Fund for Zakah," *Arab News*, October 26, 2007.

53) Galal Fakkar, "Plans to Establish World Fund for Zakah."

54) *Tafsir Ibn Kathir*(Abridged). Vol. 4. Riyadh: Darussalam, 2003, p. 458.

55) "Faith, Hate and Charity," Panorama, BBC1, July 30, 2006, http://www.bbc.co.uk/pressoffice/pressleases/stories/2006/07_july/30/panorama.shtml.

56) Nimrod Raphaeli, "Islamic Banking-A Fast Growing Industry," *MEMRI, Inquiry and Analysis Series*, No. 297, September 29, 2006.

57) Timur Kuran, "The Religious Undercurrents Of Muslim Economic Grievances," *Social Science Research Council (SSRC)*, http://www.ssrc.or/sept11/essays/kuran.htm (viewed October 29, 2007).

58) Mahmoud A. El-Gamal, "Limits and Dangers of Shariah Arbitrage, www.ruf.rice.edu/~elgamal/files/Arbitrage.pdf(viewed June 17, 2008).

59) El-Gamal, "Limits and Dangers of Shariah Arbitrage," http://www.nubank.com/islamic/index.html.

60) Mahmoud A. El-Gamal, "Interest' and Paradox of Contemporary Islamic Law and Finance," http://www.ruf.rice.edu/~elgamal/files/Arbitrage.pdf(viewed June 13, 2008).

61) Mahmoud A. El-Gamal, "Money Laundering and Terror Fiancing Issues in the Middle East," prepared statement for US senate Committee on Banking, Housing and Urban Affairs hearing, July 13, 2005, http://www.ruf.rice.edu/~elgamal/files/Arbitrage.pdf(viewed June 17, 2008).

62) Timur Kuran, "The Genesis of Islamic Economics: A

Chapter in the Politics of Muslim Identity," Social Research, Vol. 64: no. 2, Summer 1997, http://www.mtholyoke.edu/acad/intrel/kuran.htm.

63) Kuran, *Islam & Mammon: The Economic Predicaments of Islamism*, pp. 16-17.

64) Dogu Ergil, "Is there an Islamic economy?" http://www.todayszaman.com/tz-web/yazarDetay.do?haberno=124757(viewed October 26, 2007).

65) Kuran, *Islam & Mammon: The Economic Predicaments of Islamism*, pp. 43-44.

66) "Public being looted in name of Islamic banking expert," *Pakistan Press International(PPI)*, November 2006, http://www.accessmylibrary.com/coms2/summary_0286_26928086_ITM(viewed October 29. 2007).

67) Dr. Muhammad Saleem, *Islamic Banking A 300 Billion Deception*, p. 41.

68) Muhammad Saleem, "Islamic Banking A 300 Billion Deception," Xlibris Corporation, USA, 2005.

69) Saleem "Islamic Banking", p. 56.

70) "Setting the benchmarks", *Executive Magazine*, 15 June 2008.

71) Quoted in "Islamic banking 'approaching a crossroad'", http://www.zawya.com/marketing.cfm? zp&p=

/story.cfm?id=ZAWYA20040225134523.

72) Kuran, *Islam & Mammon: The Economic Predicaments of Islamism*, pp. 52-54, 60-61.

73) Kuran, *Islam & Mammon: The Economic Predicaments of Islamism*, p. 39.

74) Mahmoud Amin El-Gamal, "Overview of Islamic Finance", Us Department of The Treasury, Office of International Affairs, Occasional Paper No. 4, August 2006.

75) 예를 들어, 요르단에서 이슬람 금융의 성장과 무슬림형제단과의 연루를 참고하라.: Mohammed Malley, "The Political Implications of Islamic Finance in Jordan," University of Texas, paper prepared for the 2001 Annual Meeting of the Middle East Studies Association, San Francisco, November 17-20, 2001.

76) Mahmoud Amin El-Gamal, "Overview of Islamic Finance".

77) Kuran, *Islam & Mammon: The Economic Predicaments of Islamism*.

78) Ariff, "Islamic Banking."

79) Henry and Wison (eds.), *The politic of Islamic Finance*, p. 5.

80) Khurshid Ahmad, "Introduction" in Khurshid Ahmad ed., *Studies in Islamic Economics*, pp. XVII-XVIII.

81) Translated from the Arabic, http://www.alaswaq.net/

articles/2008/01/22/13481.html

82) Mohammad Hashim Kamali, "Islamic banking and jurisprudence:nit-picking or seeing the bigger picture?" *New Horizon*, Issue No. 166, October-November 2007, pp. 12-13.

83) Islamic Fiqh Council, Mecca, 1985, quoted in Mohmoud Amin El-Gamal, *A Basic Guide to Contemporary Islamic Banking and Finance*. Rice University, June 2000, p. 31, http://www.witness-pioneer.org/vil/Books/MG_CIBF/chapter_5.htm (viewed August 8, 2008).

84) Mahmoud Amin El-Gamal, *A Basic Guide to Contemporary Islamic Banking and Finance*.

85) Muhammad bin Salih al- 'Uthaimin, *Al-sharh Almumti' 'ala Zad Al-mustaqni'*, Vol. 8. Cario: Almaktaba Altawfiqiah, n. d., pp. 2-3.

86) http://www.usc.edu/dept/MSA/fundamentals /hadith-sunnah/abudawud/014.sat. html#014.2498.

87) See for example, Dr. Muhammad Saleem, *Islamic Banking: A charade; Call For Enlightenment*, pp. 89-91. For more on the working concept of "functional equivalence," see the OCC Interpretative Letter #806, December 1997, 12 U.S.C. 24(7), 12 U.S.C. 371, p4, http://www.occ.treas.gov/interp/dec97/int806.pdf.

88) "A fiancial jihad", *Al-Ahram Weekly*, Issue 613, November 21-27, 2002.
89) "A fiancial jihad".
90) "Visionary, who nurtured an Asian 'tiger'", *Hindustan Times*, November17-18, 2006,http://www.hindustan-times.com/news/specials/leadership2006/ht_091106.s html.
91) Posting of FBIS Translated Text of December 27, 2001 statement by Osama bin Laden(carried on Al-Jazirah Satellite Chennel Television), http://groups.com/group/MewNews/message/4339(viewed June 17, 2008).
92) "A fiancial jihad".
93) See for instance David Leigh and Rob Evans, "Britain 'powerless to resist Saudi threats'", *Guardian Weekly*, February 22, 2008.
94) Tafsir ibn Kathir, Abridged, 2nd edition, vol. 2. Translated and abridged by a group of scholars under the supervision of Sheikh Safiur-Rahman Al-Mubarakpuri, Houston, Texas: Darussalam Pulications, 2003, pp. 74-79.
95) *Tafsir al-Tabari*, 6:25, quoted in *Tafsir ibn Kathir, Abridged*, p. 79.
96) Yusuf al-Qaradawi, *The Lawful and the Prohibited in*

Islam. Plainfield, Indiana: American Trust Publication, 1994, p. 264.

97) El-Gamal, "A Basic Guide to Contemporary Islamic Banking and Finance," p. 4, http://www.nubank.com/islamic/index.html (viewed May 27, 2008)

98) El-Gamal, "A Basic Guide to Contemporary Islamic Banking and Finance," p. 4, http://www.nubank.com/islamic/index.html (viewed May 27, 2008)

99) Gal Luft, " Oil and the New Economic Order," Institute for the Analysis of Global Security(IAGS), February 2008, p6, http://www.iags.org/new_economic_or_der0208.pdf.

100) Posting of FBIS Translated Text of December 27, 2001 statement by Osama bin Laden.

101) Gal Luft, "Oil and the New Economic Order," Institute for the Analysis of Global Security(IAGS), February 2008, pp. 6, 11, http://www.iags.org/new_economic_or_der0208.pdf. (viewed June 18, 2008).

102) Abul A' la Mawdudi, *Jihad fi Sabilillah*, chapter 2.

103) Abul A' la Mawdudi, *Jihad fi Sabilillah*, p. 22 and chapter 3.

104) See for examples: re: legal: the OCC' s Interpretive Letter #867, November 1999, 12 USC 24(7), 12 USC 29; or media:*Ibid* 11, and numerous others.

105) 이슬람 금융에 관해서 명확하게 이해하고 있다고 생각하면서 대수롭지 않게 이슬람 금융에 대해 토론하는 서구의 미디어와 정부의 많은 무슬림들이 샤리아가 말하고 있는 일률적인 종교적 의무를 준행하면서 동시에 샤리아에서 언급하고 있는 배교, 지하드, 여성과 비무슬림들에 대한 지위에 관한 분명한 지배와 확고한 권위에 대해서 무지하거나 부인하는 것을 보면 경악할 일이다.

106) *Resolutions of the Securities Commission Shariah Advisory Council*, 2nd edition. Kuala Lumpur:Securities Commission, 2007, pp. 96-98.

107) "Tarek Fatah," Kuala Lumpur: " Banks are helping Sharia make a back door entrance," The Globe and Mail, January 25, 2008.

108) El-Din, " A financial jihad."

109) Nicholas Ridley, "The development of Islamic banking and fiancial institutions, and potential vulnerabilities to criminal exploitation and terrorist fund transfers," John Grieve Center for Police Studies, London Metropolitan Univesity, November 2007, p. 3.

110) El-Din, " A financial Jihad."

111) Yiagadeesen Samy, "Terrorism Financing and Financial System Vulnerabilities: Issues and Challenges," Canadian Center for Intelligence and Security Studies: Trends in

Terrorism Series, Vol. 2006-3, http://www.csis-scrs.gc.ca/en/itac/itac-docs/2006-.asp.

112) Jean-Charles Brisard, "Terrorism Financing: Roots and trends of Saudi terrorism financing," report prepared for the president of the Security Council, United Nations, December 19, 2002, p.3, http://www.investigativeproject.org/documents/testimony/22.pdf (viewed June 18, 2008).

113) Mahmoud Amin El-Gamal, "Limits and Dangers of Sharia Arbitrage," http://www.ruf.rice.edu/~elgamal/files/arbitrage.pdf(viewed June 13, 2008).

114) Mahmoud Amin El-Gamal, "Money Laudering and Terro Financing Issues in the Middle East," statement for US senate Committee on Banking, Housing and Urban Affairs hearing, July 13, 2005, http://www.investigativeproject.org/documents/testimony/22.pdf(viewed June 18, 2008).

115) El-Gamal, "Overview of Islamic Finance."
116) El-Din, "A financial jihad."
117) El-Din, "A financial jihad."
118) Accounting and Auditing Organization for Islamic Financial Institutions.
119) El-Din, "A financial jihad."

120) "Search for Islamic Scholars Increasingly difficult with Prosperity of Islamic Banks," translated from the Arabic by MEMRI, al-Qabas, Kuwait, http://memrieconomicblog.org/bin/content.cgi?article=114

121) "Approaches to Regulation of Islamic Financial Services Industry," Governor's speech at the IFSB summit- Islamic Financial Service Industry and The Global Regulatory Environment, May 18, 2004, http://www.bnm.gov.my/index.php?ch=9&pg=15&ac=151&print=1.

122) "Approaches to Regulation of Islamic Financial Services Industry,"

123) El-Gamal, "Overview of Islamic Finance."

124) "Nice work if you can get it," Business Middle East, Economist Intelligence Unit, October 16, 2007.

125) Hassan Kaleem, "A scholar's viewpoint," *Accountancy Magazine*, May 2008, pp. 26-27.

126) "Nice work if you can get it,"

127) Ibrahim Warde, "Islamic Finance in the Global Economy," p. 227.

128) http://archive.gulfnews.com/arti-cles/07/03/31/10114772.html.

129) Lahem al Nasser, " Shariah Standard Lists for Trading," *Asharq-al-Awsat*, March 12, 2008.

130) "Most sukuk 'not Islamic', body claims," Reuters, November 22, 2007, http://www.arabianbusiness. com/504577-most-sukuk-not-islamic-sayscholars #targetComment Form(viewed June 18, 2008).

131) al-Nasser, " Shariah Standard Lists for Trading,"

132) "Islamic Banks: A Novelty No Longer, http://www. businessweek.com/megazine/content/05_32/b3946141 _mz035.htm (viewed June 18, 2008).

133) For more on this subject, see David Yerushalmi, "Shariah Black Box:Civil Liability and criminal Exposure Surrounding Shariah-compliant Finance," http://paper. ssrn.com/sol3/papers.cfm?abstract_id=1101905#PaperDownload.

134) "Islamic Finance in the UK:Regulations and Challenges," Financial Services Authority, November 2007, p. 14, http://www.fsa.gov.uk/pubs/others/islamic_finance.pdf.

135) "For more analysis of these issues from an Islamic Financial Institutions," Institute of Islamic Banking and Insurance, http://www.islamicbanking.com/aom/ibanking/m_shabbir.php.

136) Ariff, "Islamic Banking."

137) "Gatehouse sees more UK Islamic investment banks",

Daily Times, 13 August 2008; "Intertest-free sharia Master Card launched", 11 August 2008, http://www.metro.co.uk/news/article.html?in_article_id=258913&in_page_id=34&ito=newsnow(viewed 17 september 2008).

138) "Islamic investment basics,", BBC News, January 24, 2002.

139) El-Gamal, "Overview of Islamic Finance."

140) Ariff, "Islamic Banking."

141) Clement and Wilson(eds.), *The Politics of Islamic Finance*, p. 5.

142) Osman Babikir Ahmad, "Islamic Banking In Practice," Paper Presented at the International Course On Principles And Pratices Of Islamic Economics And Banking November 2006.

143) El-Gamal, " Overview of Islamic Finance."

144) Rodney Wison, "On the verge of a boom," *Islamic Banking and Finance*, No. 8.

145) Timur Kuran, "The Religious Undercurrents Of Muslim Economic grievances," *Social Science Research Council (SSRC)*, http://www.ssrc.org/sep11/essays/kuran.htm (viewed October 29, 2007).

146) Osman Babikir Ahmad, "Islamic Banking In Practice,"

147) Ariff, " Islamic Banking."

148) Farhan Bokhari, "Iran's Islamic banking model faces challenges," *The Financial Times*, October 8, 2007.
149) Ridley, "The development of Islamic banking and financial institutions, and potential vulnerabilities to criminal exploitation and terrorist fund transfers," pp. 17-18.
150) Paul Klebnikov, "Millionaire Mullahs," *Forbes*, July 21, 2003; http://www.forbes.com/gloal/2003/0721/024_print.html, (viewed June 18, 2008)
151) Paul Klebnikov, "Millionaire Mullahs,"
152) Paul Klebnikov, "Millionaire Mullahs,"
153) Paul Klebnikov, "Millionaire Mullahs,"
154) Trish Schuh, "Iranians: They're Just Like Us!" *Esquire*, March 12, 2008, http://www.esquire.com/theside/blog/iranians-like-us-031208 (viewed June 18, 2008).
155) Osman Babikir Ahmad, "Islamic Banking In Practice,"
156) Timur Kuran, " Interest."
157) Timur Kuran, *Islam & Mammon: The Economic Predicaments of Islamism*, p. 57.
158) Timur Kuran, *Islam & Mammon: The Economic Predicaments of Islamism*, p. 57.
159) M.M. Ali, "Constitutional Changes and Prospects for Shariah Banking in Pakistan." Washington Report on

Middle East Affairs, September-October 2002, p. 52.
160) "Islamic Banking," in state Bank of Pakistan, Annual Performance Review, 2003-2004, pp. 23-27.
161) El-Gamal, " Overview of Islamic Finance."
162) "Pakistan boosts rollout of Islamic banking," *Asia Pulse News*, September 13, 2007, http://www.accessmylibrary.com/coms2/summary_0286_32872430_ITM(viewed October 29, 2007).
163) Farhan Bukari, "Islamic Finance-Promise in Pakistan," *The Banker*, January 4, 2007, http://www.accessmylibrary. com/coms2/summary_0286-30242269_ITM(viewed October 29, 2007).
164) "Islamic banking in Pak attracts foreign investments," *The Press Trust of India*, October 6, 2007, http://www.accessmylibrary.com/coms2/summary_0286-33073842-ITM(viewed October 29, 2007).
165) Osman Babikir Ahmad, "Islamic Banking In Practice."
166) Osman Babikir Ahmad, "Islamc Banking In Practice."
167) *Resolutions of the Securities Commission Shariah Advisory Council*, 2nd edition. Kuala Lumpur : Securities Commission, 2007,pp. 96-98
168) "Islamic Banking Grows in Gulf,0117 *Oxford Analytica*, September 1, 2007.

169) El-Gamal, "Overview of Islamic Finance."
170) "Islamic Banks: A Novelty No Longer", *Business Week Online*, August 8, 2005.
171) Henry and Wilson (eds.), *The Politics of Islamic Finance*, p. 8.
172) Ridley, "The development of Islamic Banking and financial institutions, and po-tential vulnerabilities to criminal exploitation and terrorist fund transfers," p. 22.
173) Ridley, "The development of Islamic Banking and financial institutions, and po-tential vulnerabilities to criminal exploitation and terrorist fund transfers," p. 23.
174) El-Gamal, "Overview of Islamic Finance."
175) Rodney Wilson, "On the verge of a boom."
176) Henry and Wilson (eds.), *The Politics of Islamic Finance*, p. 8.
177) "Islamic Banking Grows in Gulf."
178) Craig Nethercott, Mohammed Al Sheikh, et al., "Islamic Project Finance in the Kingdom of Saudi Arabia," *Islamic Finance News*, July 2006, http://www.islamicfinancenews.com/legalguide/articlewhitecase.php (viewed October 24, 2007).
179) See: "Saudi finance will go Islamic in five years," *Alaswaq*, January 22, 2008, http://www.alaswaq.net/

articlewhitecase.php (viewed October 24, 2007).
180) Henry and Wilson (eds.), *The politics of Islamic Finance*, p. 8.
181) El-Gamal, " Overview of Islamic Finance."
182) "Islamic banking boost for Bahrain economy," *Asia Pulse News*, Februrary 19, 2007, http://www.access-mylibrary.com/coms2/summary_0286-29674370 _ITM(viewed October 29, 2007).
183) Ridley, "The development of Islamic banking and financial institutions, and po-tential vulnerabilities to criminal exploitation and terrorist fund transfers," p. 16.
184) " Islamic Banking boost for Bahrain economy."
185) Ridley, "The development of Islamic banking and financial institutons, and po-tential vulnerabilities to criminal exploitation and terrorist fund transfers," p. 17.
186) Nimrod Raphaeli, "Islamic Banking - A fast Growing Industry," *MEMRI, Inquiry and Analysis Series*, No.297, September 29, 2006.
187) Ridley, "The development of Islamic Banking and financial institutions, and poten-tial vulnerabilities to criminal exploitation and terrorist fund transfers," p. 17.
188) "Islamic banking solutions," *World Finance*, August-

September 2007 pp. 50-51.

189) Ridley, "The development of Islam banking and financial institutions, and poten-tial vulnerabilities to criminal exploitation and terrorist fund transfers", p. 17.

190) "Muscat says no to Islamic banking : Oman ignores growth in sharia sector," *Middle East Economic Digest (MEED)*, February 16, 2007, http://www.accessmylibrary.com/coms2/summary_0286-30069342_ITM (viewed October 29, 2007).

191) Ridley, "The development of Islamic banking and financial institutions, and poten-tial vulnerabilities to criminal exploitation and terrorist fund transfers," p. 17.

192) Ridley, "The development of Islamic banking and financial institutions, and poten-tial vulnerabilities to criminal exploitation and terrorist fund transfers," p. 17.

193) Osman Babikir Ahmad, "Islamic Banking In Practice."

194) Henry and Wilson (eds.), *The Politics of Islamic Finance*, p. 8.

195) "Islamic institute blesses interest," BBC News, 18 November 2002.

196) Ibrahim Warde, *Islamic Finance in the Global Economy*, pp. 56-57. See also Kuran, " Interest."

197) Ibrahim Warde, *Islamic Finance in the Global*

Economy, pp. 56-58.

198) Henry and Wilson (eds), *The Politics of Islamic Finance*, p. 8.

199) El-Gamal, "Overview of Islamic Finance."

200) Ahmad, "Islamic Banking in Practice."

201) Henry and Wilson (eds.), *The Politics of Islamic Finance*, p. 8.

202) "Syria," International Religious Freedom Report, U.S. Department of State, 2007, released by the Bureau of Democracy, Human Rights, and Labor, http://www.state.gov/g/drl/rls/irf/2007/90221.htm(viewed August 1, 2008).

203) Ridley, "The development of Islamic banking and financial institutions, and po-tential vulnerabilities to criminal exploitation and terrorist fund transfers," p. 20.

204) Henry and Wilson (eds.), *The Politics of Islamic Finance*, p. 8.

205) "Mortage and Islamic ethics : Report from European Council for Fatwa and Research," *The Bohra Chronicle*, March 2001.

206) "Mortgage and Islamic ethics: Report from European Council for Fatwa and Research."

207) El-Gamal, "Overview of Islamic Finance."

208) Ariff, "Islamic Banking."
209) Nimrod Raphaeli, "Islamic Banking - A Fast Growing Industry."
210) OCC Interpretive Letter #806, Dec. 1997,12 U.S.C. 24 (7); OCC Interpretive Letter #867, Nov.1999, 12 U.S.C. 24 (7) 12 U.S.C. 29
211) See Devon Bank's Availability chart: http://www.devonbank.com/islamic/avail-ability.html.
212) Umar F. Moghul, "Introducton to Islamic Finance," Communities & Banking, Summer 2006.
213) "Sheikh Dr. Yusuf Al-Qaradawi and Others:Documented Shari' aa - Jurisprudence - Opinions, http://www.lariba.com/dev.fatwa/qaradawi.htm(viewed June 18, 2008); "Sheikh Muhammad Taqi Usmani: Documented Shari' aa - Jurisprudence-Opinions. http://www.lariba.com/dev.fatwas/usmani.htm (viewed June 18, 2008).
214) "Treasury Department Appoints Islamic Finance Adviser," Bureau of International Information Programs, US Department of State, June 2, 2004, http://usinfo.state-gov/xarchives/display.html?p=washfile-english&y=2004&m=June&x=20040602180450ndyblehs0.2986959 (viewed October 26, 2007).
215) See Project Overview, Islamic Finance Project, Harvard

Law School, http://ifptest.law.harvard.edu/ifphtml/index.php?module=about (viewed 18 June 2008).

216) Raphaeli, "Islamic Banking-A Fast Growing Industry."

217) Abdulkader Thomas, "Methods of Islamic Home Finance in the United States ; beneficial breakthroughs," *The American Journal of Islamic Finance*. (Mr. Thomas is a member of the management committee of Guidance Financial Group, LLC, reportedly the largest Islamic financer of home mortgages in the US.)

218) "Muslims torn between belief and finance," *The Observer*, June 18, 2000; "Banking on the common good," *The Guardian*, July 18, 2002.

219) Julian Knight, "Non-Muslims snap up Islamic accounts," BBC News, December 17, 2006.

220) Polly Curtis, "Costing Religion," *The Guardian*, July 22, 2003; Graham Norwood, "The housing boom that forgot Muslims," *The Observer*, June 16, 2002; "Muslims tackle mortagage hurdles," BBC News, October 16, 2002.

221) "Muslim mortgages," HSBC, *Your Money*, Issue 33, November 2003.

222) "Muslim mortgages."

223) "HSBC: Islamic mortgages attract interest," *yahoo!*

Finance Commentary, July 2, 2002; Nicola Woolcock, "No interest - but a surefire, best-selling hit," *The Daily Telepraph: Telepraph Property*, November 15, 2003. The change in the rules was an-nounced by the Chancellor Gordon Brown in the Finance Bill in April 2003 and took effect from December 1, 2003.

224) "Islamic Finance in the UK", *Islamic Finance Home*, December 19, 2003.

225) De Teran," Islamic Finance in London: The City Makes a Head Start for Hub Status."

226) "Islamic Banking Grows in Gulf."

227) "Speech by the Chief Secretary to the Treasury, Stephen Timms MP, at the Islamic Finance and Trade Conference," HM Treasury, June 13, 2006, http://hmtreasury.gov.uk/newsroom_and_speeches/speeches/chiefsecspeeches/speech_cst_130606.cfm (viewed October 26, 2007).

228) "UK's Brown backs Islamic finance," BBC News, June 13, 2006.

229) Abul Taher and David Smith, "Brown to boost Islamic banking," The Sunday Times, March 12, 2006.

230) Zahida Aslam, "London-Key Center for Islamic Finance," *Hardman & Co*, July 13, 2006, http://www.hardmanandco.com/Research/Islamic_Finance_Jul06.pdf(vi

ewed October 26, 2007); De Teran, "Islamic Finance in London: The City Makes a Head Start for Hub Status."
231) De Teran, "Islamic Finance in London: The City Makes a Head Star for Hub Status."
232) "First Islamic stockbroking service launched," BBC News, July 28, 2003 ": High Street bank offers Islamic mortgage," BBC News, July 1, 2003; Woolcock, "No interest - but a surefire, best-selling hit; "Islamic mortgages 'worth billions'." BBC News, November 29, 2002 ; Liz Loxton, "Billion-pound UK market," section on " Islamic Banking," *The Times*, October 8, 2003.
233) Raphaeli, " islamic Banking - A fast-growing Industry."
234) "Bank of London and the Middle East launches as London based Islamic bank," AME info, July 9, 2007, http://www.ameinfo.com/126027.html (viewed October 31, 2007).
235) " HSBC Amanah Global Properties Income Fund;" Fund Fact Sheet, September 2002; "HSBC Amanah Financing : financing in accordance with Shariah," issued by HSBC Bank plc, Hemel Hempstead ; "Our Shari' a Board," http://www.iibu.com/shariaa_board/sboard.htm.
236) "HSBC Amanah Global Properties Income Fund;" "HSBC

Amanah Financing : financing in accordance with Shariah;" "Our Shari' a Board."
237) "Islamic Banking."
238) "System of divine Guidance" in " Islamic Banking."
239) De Teran, " Islamic Finance in London: The City Makes a Head Start for Hub Status."
240) Humayon A. Dar, "Demand for Islamic Financial Services in the UK: Chasing a Mirage?" Loughborough University, 2004, http://www.lboro.ac.uk./depart-ments/ec/Rea searchpapers/2004/TSIJ.pdf(viewed October 31, 2007).
241) Ali Parsa, *Shariah property investment: developing an international strategy*. London: Royal Institution of chartered Surveyors, 2005.
242) Islamic Bank of Britain, Annual Report and Financial Statements, December 31, 2006, p. 6.
243) "Lloyds TSB brings Islamic banking to Dewsbury," April 7, 2005, http://www.mediacenter.lloydstsb.com/media/pdf_irmc/mc/press_releases/2005/april/dews-bury_islamic_financial_service.pdf (viewed 31 October 2007).
244) Ong Chong Tee, "Singapore' s Perspective on Islamic Finance," Opening Keynote Address, Asian Banker Summit 2005, Monerary Authority of Singapore, March

16, 2005, http://www.mas.gov.sg/news_room/statements/2005/Opening_Keynote_Address_by_DMD_Ong_at_the_Asian_Su.html (viewed July 28, 2008).

245) Tee, "Singapore's Perspective on Islamic Finance."

246) "Speech by Mr Goh Chok Tong, Senior Minister of the Republic of Singapore, at the Opening Ceremony of the Singapore International Waqf Conference 2007," Monetary Authority of Singapore, March 6, 2007, http://www.mas.gov.sg/news_room/statements/2007/SM_Speech_International_Conference_Waqf.html(viewed 28 July 2008).

247) "Hong Kong Aims to Become Islamic Finance Hub: Tsang," *Arab News*, October 11, 2007.

248) "Japan Developing Yen for Islamic Finance," *Forbes*, November 20, 2007.

249) Kamali, "Islamic banking and jurisprudence:nit-picking or seeing the bigger picture?" p. 6.

250) "Revealed: UK's first official sharia courts," *The Times*, 14 September 2008.

251) 영국 재무성과 금융감독청(FSA), '수쿠크 규제를 위한 입법체계 자문결과 보고서',(런던, OPSI, 2008), http://www.hm-treasury.gov.uk/d/consult_sukuk101208.pdf.

252) http://www.ccfon.org/docs/CCFON_and_CLC_

Sukuk_Consultation_Response.pdf

253) 영국 재무성(Her Majesty's Treasury, HM Treasury)은 영국의 화폐, 금융, 국채, 정부회계, 내국세제와 관세, 외국환 및 대외경제협력과 국유재산에 관한 사무를 관장하는 정부기관이다.(두산백과사전 참조, EnCyber & EnCyber.com)

254) 영국 금융감독청(the Financial Services Authority, FSA)은 '영국 재정청'이라고도 하는데, 영국 금융 산업을 관할하기 위해 설립된 비(非)정부기관이다. 1986년 제정된 금융 사업법과 1987년 제정된 은행법에 의거하여 법적 권한을 행사하는 독립적인 비(非)정부기관으로서 영국 금융 시스템에 대한 신뢰감 유지, 금융 산업에 대한 공공이해 증진, 소비자 권익옹호, 금융범죄방지 등의 목표를 위해 설립되었다.(네이버백과사전 참조, http://100.naver.com)

255) 일반 금융체계에서는 수쿠크(Sukuk)를 대체금융투자채권(Alternative Finance Investment Bonds)의 일종으로 규정한다. 먼저, 이슬람 금융 방식에는 일반적으로 5가지(무라바하, 이스티스나, 무샤라카, 이자라, 무다라바) 이슬람식 상거래의 방식이 있다. 이 상품들은 모두 실물거래에 기초한 금융상품이다. 수쿠크(Sukuk)란 이러한 이슬람 금융 방식에서 기존 금융의 이자를 대체하기 위해 샤리아 학자들에 의해 고안된, 투자(investment) 성격을 가진 채권(bond) 형태의 금융거래증서를 말한다.

256) 무슬림 형제단(Muslim Brotherhood): 1928년에 하산 알-

반나(Hasan al-Banna)가 이집트에서 이슬람법을 인정하고, 이슬람 계승체제를 다시 세우는 것을 목표로 창설한 단체이다. 호전적이고 공격적이며, 나라의 통치권과 이슬람법을 따르지 않는 모든 사람들을 심히 증오하였다. 그들은 사회를 뒤흔들고 이슬람 본연의 영광을 되찾겠다는 자신들의 목적을 이루기 위해 테러라는 극단적인 방법들을 사용했다. 《이슬람과 테러리즘: 그 뿌리를 찾아서》 p.171 참조, Mark A. Gabriel / 이찬미 역, 글마당

257) "고리대금을 취하는 자들은 악마가 스치므로 말미암아 정신을 잃어 일어나는 것처럼 일어나며 말하길 장사는 고리대금과 같도다라고 그들은 말하나 알라께서 장사는 허락하였으되 고리대금은 금지하셨노라 주님의 말씀을 듣고 고리업을 단념한 자는 지난 그의 과거가 용서될 것이며 그의 일은 알라와 함께하니라 그러나 고리업으로 다시 돌아가는 자 그들은 불지옥의 동반자로서 그곳에서 영주하리라"(꾸란 2:275), "알라는 이자의 폭리로부터 모든 축복을 앗아가 자선의 행위에 더하시니 알라께서는 사악한 모든 불신자들을 사랑하지 않으시기 때문이니라"(꾸란 2:276), "믿는 자들이여 알라를 공경하라 만일 너희들이 믿음이 있다면 추구하는 이자를 포기하라"(꾸란 2:278)

258) 법령초안, 각주 1)의 '수쿠크 규제를 위한 입법체계 자문결과보고서' p27에 법령초안이 실려 있으며, 그 설명 가

운데 - 'the return on sukuk is economically equivalent to interest' - 라고 수쿠크가 경제적 관점에서 이자와 동등하다고 간주하고 있는 것을 볼 수 있다.

259) 파트와(Fatwa)는 종교적 유권해석에 의한 칙령을 의미한다. 파트와는 어떤 사안이 이슬람법에 저촉되는지를 해석하는 권위 있는 이슬람 판결이다. 파트와의 내용은 꾸란과 무함마드의 가르침에 기초한 이슬람의 법률인 샤리아에 기초하여 결정된다. 따라서 이것은 법적인 최종 판결이 아니며 중대한 사안에 대한 종교적인 답변에 불구하다. 그러나 이슬람 세계에서 법 이상의 권위를 갖고 있는 칙령에 해당하는 것으로 이슬람교도라면 누구나 종교적 의무로 파트와를 따른다.(네이버 시사용어사전 참조, http://terms.naver.com)

260) '채권들은 비(非)이슬람적' 이라고 판결한 '파트와2143' 은 홈페이지를 통해서 확인해 볼 수 있다.
http://www.islamqa.com/en/ref/2143

261) 무라바하(Murabaha)는 '할부금융' 으로 거래구조는 할부판매와 유사하다. 이러한 거래는 크게 이슬람은행은 차입자와 사전에 적정 마진폭과 대금의 연지급조건을 합의하여 정한 후 차입자가 구입을 원하는 자산을 판매자로부터 은행이 직접 매수한 후 그 소유권을 차입자에게 이전하고, 사전에 상호 합의한 상환계획에 따라 매수비용과 적정마진을 상환 받는 구조로 구성되어 있다. 즉 상품거래

의 매매차익을 이자에 상당한 것으로 지급받게끔 설계된 구조를 띠고 있다. 이러한 거래는 통상 주택, 자동차 등 실물자산에 대한 구입자금이 필요한 자를 대상으로 하는 금융으로 이슬람은행에서 전체 금융자산의 80~90%를 차지할 정도로 보편적이다. 「이슬람금융과 각국의 금융법 · 제도 정비현황」 p. 19, 안수현, 증권거래소 KRX review 2009년 1월호.

262) 무라바하가 허용되기 위한 조건들을 명시한 '파트와 36408'는 홈페이지를 통해서 확인해 볼 수 있다.
http://www.islamqa.com/en/ref/36408

263) Patrick Sookhdeo, "Understanding Shari'a Finance: The Muslim Challenge to Western Economics", The Institute for the Study of Islam and Christianity.

264) 이슬람교를 믿는 모든 무슬림은 전체 연간 수입의 2.5%를 의무적으로 자선단체 등에 기부해야 하는데, 그 돈을 자카트(Zakat, 구빈세)라 한다.

265) "실로 자선금은 가난한 자와 불쌍한 자와 거기에 종사하는 자와 그들의 마음이 위안을 받을 자와 노예와 채무인 자와 하나님의 길에 있는 자와 그리고 여행자들을 위한 것이니 이는 알라로부터의 명령이라 알라는 아심과 지혜로 충만하시니라"(꾸란 9:60).

266) "비록 싫어하는 것이지만 너희에게 성전이 허락되었노라 그러나 너희가 싫어해서 복이 되는 것이 있고 너희가 좋

아해서 너희에게 악이 되는 것이 있나니 알라는 너희가 알지 못하는 것을 알고 계시니라"(꾸란 2:216), "믿는 사람들이여 상업을 가르쳐 주리라 그것이 고통스러운 응벌로부터 너희를 구하리라 그것은 너희가 알라와 그분의 선지자를 믿으며 알라의 사업을 위해 너희 재산과 너희 생명을 성전하는 것으로 너희가 알고 있다면 그것이 너희를 위한 복이라"(꾸란 61:10~11).

267) '누가 할랄과 하람을 결정하는가? 알라만이 그것에 대해 결정할 권리가 있다' 란 내용의 '파트와3922' 는 홈페이지를 통해서 살펴볼 수 있다.

http://www.islamqa.com/en/ref/3922

268) 중국명은 후이펑은행[匯豊銀行]이며, 흔히 홍콩은행이라고도 부른다. 세계적인 종합금융그룹인 HSBC그룹 최대의 자회사이다. 여러 계열사를 통하여 아시아태평양지역을 중심으로 홍콩 국내외에 광범위한 은행 및 금융 서비스를 제공하며 홍콩의 발권은행이기도 하다. 은행 본사는 홍콩, HSBC그룹의 본사는 런던에 있다.(네이버 시사용어 사전 참조, http://100.naver.com)

269) 결제시스템에 참여하고 있는 한 금융기관의 도산 또는 일시적인 유동성 부족으로 인한 결제 불능이 연쇄적으로 다른 참가기관의 결제불능을 유발시켜 결제 시스템 전체의 기능마비를 초래할 수 있는 위험을 말한다. 일반적으로 결제 리스크의 유형(신용, 유동성, 시스템 리스크) 중에

파급범위가 가장 넓은 위험도 높아 각국 중앙은행이 특히 관심을 가지고 있다.(네이버 시사용어사전 참조, http://terms.naver.com)

270) "믿는 자들은 한 형제라 그러므로 싸우는 너희 두 두 형제들 사이를 화해시키며 알라를 두려워하라 그리하면 너희가 은혜를 받으리라"(꾸란 49:10), "믿음으로 이주하여 그들의 재산과 그들 스스로를 바쳐 알라를 위해 싸운 이들과 그들을 보호하여 주고 도와준 이들은 서로가 서로를 위한 보호자들이라 그러나 믿음은 있으되 이주하지 아니한 자들에 대해서는 그들이 이주할 때까지 너희가 그들을 보호해야 할 의무가 없노라 그러나 그들이 너희에게 신앙의 원조를 구할 때는 그들을 도울 의무가 있으되 너희와 그들 사이에 계약이 있는 백성은 제외라 알라는 너희가 행하는 모든 것을 지켜보고 계시니라"(꾸란 8:72).

271) 타키야(taqiyya)란 무슬림들이 협박, 학대, 강박의 상태에서 그들의 신앙을 숨기는 행위를 허락하는 교리를 뜻한다.

272) 'Government sterling sukuk issuance: a response to the consultation(GSSI:RC)', p.35, 4.53 항목에 언급되어 있음.

273) 유럽인권재판소(European Court of Human Rights)는 정치·사회·문화 및 법적 협력을 도모하기 위하여, 1949. 5. 5에 창설한 범유럽 정부 간의 협력기구 유럽회의

(Council of Europe) 산하에 있는 유럽인권조약에 따라 설립한 인권에 관한 재판소이며, 프랑스 스트라스부르에 위치하고 있다.(두산세계대백과 참조 Encyber, http://www.encyber.com/)

274) 유럽인권재판소의 '샤리아와 민주주의 및 인권의 양립불가승인' 관련 문서는 http://www.echr.coe.int/NR/rdonlyres/29AC6DBD-C3F8-411C-9B97-B42BE466EE7A/0/2004__Wildhaber_Cancado_Trindade_BIL__opening_legal_year.pdf 에서 살펴볼 수 있다.

275) 1998년 터키의 레파당(Refah)이 국가의 세속적인 원칙을 손상시키려 했다는 혐의로 터키 헌법재판소에 의해 해산 판결이 나고, 유럽인권재판소가 이에 대한 확정 판결을 내렸다.

276) (GSSI:RC), p.35, 4.52항목에 언급되어 있다.

277) the Better Regulations Principles(BRP): 규제정책은 예측가능하고, 적합하며, 일관되게 균형 잡히면서, 융통성 있으면서 위험에 적극 반응해야 한다는 영국의 규제정책 제정의 원칙.

278) "와크프(Waqf)는 서양의 기부금펀드(Endowment fund)/신탁자금(trust fund)와는 다르며, 무슬림의 이익을 위해서만 쓰여야 한다"고 선포한 파트와 10646은 http://www.islamqa.com/en/ref/10646에서 살펴볼 수 있다.
*와크프(Waqf): 와크프는 창설자가 그의 실질적인 소유권

을 양도하면 알라(Allah)에게 그 소유권이 귀속되는 독특한 이슬람제도이다. 와크프는 또한 일종의 신앙심이나 자선을 목적으로 창설자 자신의 가족에게 증여가 이루어질 수 있는 영구적인 소유재산의 소득 또는 이용권을 헌납하는 것이다. 《샤리아(Shari'ah)와 이슬람 경제》, 홍성민, 중동정치-사회연구 창간호, 명지대학교사회과학연구소, 2000 참조

279) Bahrain의 샤리아 학자, HSBC의 이슬람 창구(Islam window, 이슬람 금융 전담부문을 전통적인 서구식 일반은행 내에 설치하는 형태)의 책임자이다.

280) http://www.islamic-banking.com/shariah/shariah_aom/sn_yaqubi.php

281) '투자신탁을 포함한 간접투자'(Collective Investment Scheme, CIS) - 국내문헌상에서는 '집합투자기구' 또는 '집합투자장치'와 '집단적(간접)투자' 등의 개념으로 혼용 사용되고 있다. 실정법상에서는 '간접투자자산 운용업법' 제 2조에서 정의하고 있는 것과 같이, '간접투자 및 간접투자기구'라고 정의된다. 참조, 이석환,《간접투자자산운용법상 투자관리 이론》(서울:무한: 2005), p.12간접투자: 투자자로부터 자금 등을 모아서 다음 각목의 자산(투자증권, 장내파생상품 또는 장외파생상품, 부동산, 실물자산, 그 밖에 대통령령이 정하는 것)에 운용하고 그 결과를 투자자에게 귀속시키는 것을 말한다. 간접투자기구:

간접투자를 수행하기 위한 투자신탁과 투자회사(이하 "간접투자기구"라 한다) 및 투자전문회사를 말한다. 참조, 간접투자자산 운용업법 제2조 1~2항.

282) 영국의 중앙은행으로 1694년 전비(戰費)를 조달하기 위해 주식회사 형태의 민간은행으로 설립되었다. 1844년에 독점적인 발권은행이 되었고, 1946년에 국유화되었다. 영국은행(Bank of England)이라고도 한다.

[용어사전]

가라르 gharar
아랍어로 '가라르'는 '불확실성'을 의미한다. 통상적으로 이슬람 금융에서 '가라르'라는 용어는 결과를 예측할 수 없는 투자의 '리스크'를 뜻할 때 사용된다.

다루라 darura
'다루라'는 '필요'라는 뜻을 가진다. 이슬람에서 명백하게 금지된 것을 위반할 '필요'가 있을 경우, 이러한 위반을 정당화하기 위해 이 용어를 사용한다. 예를 들어 무슬림들이 비(非)이슬람 국가에서 불확실한 거래를 하는 것이 '필요'할 때, 무슬림들에게 불확실한 거래가 한시적으로 허용될 수 있다.

리바 riba
'리바'는 '이자' 혹은 '고리대금'이라는 의미를 가지고 있다. 일반적으로 '리바'는 샤리아에 의해 금지된다.

마드라사 madrasa
'마드라사'란 세속적인 혹은 종교적인 모든 종류의 교육기관으로서 '학교'를 뜻한다. '마드라사'는 20세기 초반까지 꾸란에 기초한 교과목을 중심으로 이슬람 신학교와 법과대학의 기능을 담당하였으며, 무슬림들에게 이슬람 신학과 법학 외에 아랍어 문법, 수학, 문학, 논리학, 자연과학을 가르치는 교육기관이었다. 사우디아라비아와 파키스탄에서는 이슬람 근본주의자들을 양성하기 위해 '마드라사'를 세우기도 한다.

마슬라하 maslaha

'이스티슬라'는 '최고의 공익을 추구하는 것'을 뜻하고, '마슬라하'는 '공적인 이익 그 자체'를 의미한다. 이슬람 금융에서는 이슬람 법인 '샤리아'와 이슬람 법학인 '피크흐'가 적용되는데, '마슬라하'는 실정법이라고 할 수 있는 '피크흐'의 법원(法源)들 중 하나이다.

무슬림형제단 Muslim Brotherhood

'무슬림형제단'은 1929년 공립학교 교사였던 하산 알반나(1906~49)가 이집트의 이스마일리야에서 세운 종교, 정치, 사회운동 조직이다. 1946년경에는 고등학생, 상공인, 젊은 군인 등 이집트 대부분의 사회집단 속으로 파고들어 그 조직원 수가 100만 명에 달했다. 1930~40년대에 이들이 주요한 정치조직으로 성장하게 된 이유는 이집트 국민들의 종교적 감정을 정교한 정치, 경제적 전략들로 반영해 내는 것에 성공하였기 때문이었다. 정치, 경제적으로 좌절하고 있었던 이집트인들은 과격하지만, 조직화된 정치적 의사표

현의 기회를 처음으로 가질 수 있었다. '무슬림형제단'은 '샤리아에 기초한 국가건설'을 핵심 이데올로기로 삼고있다.

살라피 salafi

'살라피'는 '선조를 따르는 자들'이라는 뜻으로, 초기 이슬람 선조들을 삶의 모델로 생각하는 순니파 이슬람 운동을 말한다. '살라피를 따르는 사람들'은 무함마드를 따랐던 동료들과 그들을 계승한 그 다음 세대를 의미한다. '살라피' 운동은 하디스에서 무함마드가 "나의 세대 사람들이 가장 중요하며, 그들을 따르는 사람들 그리고 그 이후의 사람들은 그 다음이다"라고 한 말에 근거하고 있다.

수쿠크 Sukuk

'수쿠크'는 이자를 받지 말라는 꾸란의 명령을 형식적으로 지키기 위해, 은행이 투자자들로부터 투자금을 받아 실물에 기반한 거래를 통해서 창출한 이익을 배당금, 수익금 등의 명칭으로 투자자에게 분배하는 이슬람 금융방식을 뜻한다.

이만 iman

이슬람에서 '종교적인 믿음'을 의미하는 아랍어이다.

울라마 'ulama

'샤리아 법학자회' 란 뜻으로 현대적 사건과 관련하여 샤리아를 해석, 적용할 수 있는 권한이 주어진 사람들을 뜻한다. 이들의 판정은 '파트와' 라는 지령을 통해 나오게 되고, 이 명령은 세계 각지의 모든 무슬림들에게 법적인 구속력을 갖게 된다.

움마 Ummah

샤리아에 의하여 통치되는 이슬람 공동체를 '움마' 라고 한다. 무슬림들은 샤리아에 의하여 통합되는 보편적 종교사회를 '움마' 로서 실현하였다. 정통파 이슬람에서는 개인적인 교단 지도자가 아닌, '움마' 에 권위를 부여한다.

와끄프 waqf

'와끄프' 는 무슬림들이 종교적인 자선의 목적을 위해 내는 자금, 부동산 등의 종교기금을 말한다. '와끄프' 는 단체나 개인이 사원, 마드라사, 병원, 고아원 등에 내는 자선기금과 개인이 자손에게 맡기는 가속기금으로 분류된다. 대부분의 이슬람 국가는 '와끄프' 를 위한 전문 정부기관을 두고 있다.

와하비 wahabi

'와하비'는 '와하비즘'과 동의어로서, 18세기 중엽 사우디아라비아의 "무함마드 이븐 압둘 와합"이 이슬람의 정화와 개혁을 주장함으로써 시작되었다. '와하비'는 아라비아반도에 압도적인 영향력을 행사하였다. '와하비'의 핵심 교리는 '타우히드' 즉, 알라의 유일성이다. 오늘날 사우디아라비아는 '와하비'에 근거하여, 오일머니를 통해 형성된 막대한 자본을 전 세계의 모스크와 마드라사에 지원하는 등 이슬람을 공격적으로 전파하고 있다.

지하디 Jihadi

'지하디'는 '지하드를 고취시키는 개인'을 말한다.

자카트 zakat

'자카트'는 이슬람 다섯 기둥의 하나이며, 무슬림들의 연소득 중 2.5%를 자선의 목적으로 내는 구제금을 뜻한다.

지즈야 jizya

'지즈야'는 이슬람 국가에서 살아가는 비(非)무슬림들에게 부과하는 인두세를 뜻한다. 꾸란 9장 29절에서는 이슬람을 알지 못하는 유대인들과 기독교인들이 이슬람 국가에 복종하고 태도를 낮추어야할 뿐만 아니라, 인두세인 '지즈야'를 내야만 한다고 말하고 있다. 즉 지즈야는 이슬람 국가 안에 사는 비(非)무슬림들의 무슬림들에 대한 복종을 요구하고, 그것을 인정하는 인두세이다.

지하드 피크흐 Jihad fiqh

'지하드에 관한 법학'을 뜻한다.

칼리프 Khalifah

'칼리프'는 예언자 무함마드의 뒤를 이어 이슬람이라는 종교를 수호하며, 동시에 이슬람 공동체를 정치적으로 다스리는 이슬람 제국의 최고 통치자를 가리킨다. 다시 말해서 이들은 무함마드를 계승한 이슬람 최고의 정치·종교적 통치자였다.

파트와 fatwas

'파트와'는 이슬람 학자에 의해 선언되는 종교적인 칙령이다. '파트와'는 이슬람 세계에서 법 이상의 권위를 가지는 이슬람 판결로서 정치, 사회적 문제들과 지하드의 수행과 같은 중요 사안들을 그 대상으로 한다. 무슬림들은 누구나 종교적 의무로서 '파트와'를 따라야만 한다.

하디스 Hadith

무함마드의 언행록을 '하디스'라 한다. 무슬림들은 이슬람의 유일한 경전인 꾸란을 바르게 이해하기 위한 규범, 생활양식으로서 이해한다. '하디스'는 무슬림들의 삶의 방식을 결정짓는 중요한 기준이다.

하람 haram

'하람'은 '금기'란 뜻으로, 샤리아에 의해 금지됨을 의미한다.

하왈라 hawala

'하왈라'는 자금 브로커들의 거대한 네트워크의 비(非)공식적인 송금체제이다. '하왈라'의 주요 근거지는 중동, 북아프리카와 서남아시아이다. '하왈라'는 8C초 이슬람 법에 그 근거를 두고 있다. 20C 초반에는 '하왈라'가 공식적인 은행 시스템을 대체하기 시작하였다. 오늘날 '하왈라'는 대부분 이주민 노동자들이 고국에 돈을 송금하는 통로가 되고 있다.

할랄 halal

'할랄'은 샤리아에 따라 허용된 물건이나 행위를 뜻한다. '할랄'은 샤리아에 의해 폭넓게 해석되기도 한다.

후두드 hudud

'후두드'란 도적질, 강간, 술, 배교와 같은 특정 범죄에 따라 부과되는 형벌을 뜻한다. 이슬람 형법에는 샤리아에 따라 후드드와 더불어 끼사스, 디야, 타지르 등 네 가지 타입의 형벌이 있다. 끼사스는 꾸란에 명시되어 있는 눈에는 눈, 이에는 이와 같은 보복형벌을 말한다. 디야는 피해자의 상속인에게 보상을 지급함으로 형벌을 대신함을 뜻한다. 타지르는 판사의 결정권에 따라 개인적으로 언도받는 형벌이다.

|판권소유|

Understanding Shari'a Finance:
The Muslim Challenge to Western Economics

샤리아 금융의 실체:
서구 경제에 대한 무슬림의 도전

2009년 11월 15일 인쇄
2009년 11월 25일 발행

지은이 | 패트릭 숙데오(Patrick Sookhdeo)
옮긴이 | 애드보켓코리아 번역위원회
발행처 | 에드보켓코리아

제작처 | 쿰란출판사
주소 | 서울 종로구 이화동 184-3
TEL | 02-745-1007, 745-1301~2, 747-1212, 743-1300
영업부 | 02-747-1004, FAX / 02-745-8490
본사평생전화번호 | 0502-756-1004
홈페이지 | http://www.qumran.co.kr
E-mail | qumran@hitel.net
　　　　 qumran@paran.com
한글인터넷수소 | 쿰란, 쿰란출판사

등록 | 제1-670호(1988.2.27)

값 8,000원

ISBN 978-89-5922-796-9　93230

＊ 이 출판물은 저작권법에 의해 보호를 받는 저작물이므로 무단 복제할 수 없습니다.
　잘못된 책은 교환해 드립니다.